ESTAT DE LA CONTESTATION PENDANTE AU CONSEIL,

Au rapport de Monsieur Quentin de Richebourg.

POUR les Sieurs Directeurs de la Compagnie des Indes Orientales, défendeurs & demandeurs.

CONTRE Martin Marcara, se disant Gentilhomme Persan, demandeur & défendeur.

LA contestation qui est à juger au rapport de Monsieur Quentin de Richebourg, est devenuë celebre par les Factums & les Libelles que Marcara a répandus dans le monde. Ce Persan artificieux abusant de la protection que la France, & le Roy particulierement font gloire de donner aux Etrangers, a tellement prévenu les esprits, que ceux qui ne sont pas instruits de l'affaire, regardent les prétentions de cét Avanturier comme des demandes legitimes de sommes excessives, & la conduite que les Directeurs de l'ancienne Compagnie ont tenuë avec luy, comme une cruauté indigne de la Nation.

Mais auparavant que d'entrer dans le détail de ce qui compose aujourd'huy l'Instance qui est à juger, on est dans une necessité indispensable d'informer le Roy, Nosseigneurs de son Conseil, & le public, du veritable estat d'un different qui dure depuis si long-temps, d'éfacer les fausses impressions que Marcara en a données dans ses Romans, & de faire voir que ces demandes de sommes excessives se reduisent à deux ou trois années d'appointemens mediocres qui ne sont point deûs, & qui quand ils seroient deûs devroient estre compensez jusques à concurrence avec une somme considerable que Marcara doit à la Compagnie. Il faut montrer que ce qu'on appelle cruauté, & qui compose les endroits les plus pathetiques de l'histoire de Marcara, n'a esté qu'une précaution necessaire dont on fut contraint de se servir pour empescher l'évasion d'un debiteur, & pour faire conduire sûrement en France un Criminel qu'il importoit à l'établissement de la Compagnie de faire punir exemplairement. Marcara emprisonné pour ses malversations & pour les sommes qu'il devoit, souleva les Indiens pour le tirer de prison, fit assieger la Loge de la Compagnie à Massulipatam, fut cause de la mort de plusieurs hommes, & entr'autres de celle du sieur Fourmentin Officier des Directeurs, & reduisit en un mot la Compagnie à telle extremité, que si la valeur dont les François ont donné tant de marques dans l'Europe, les eût abandonnez aux Indes, ils y eussent perdu le credit & l'honneur, & la Compagnie l'établissement qu'elle avoit fait à Massulipatam avec des frais excessifs.

L'emprisonnement de Marcara & toute la dureté dont il se plaint, ne regardent point les Directeurs d'aujourd'huy qui n'y ont point eû de part, mais aprés ce qui s'estoit passé on jugera sans doute que les Directeurs de l'ancienne Compagnie ne pouvoient trop s'assurer d'un coupable qui avoit porté la Rebellion si loin, & qui, s'il se fust enfuy, comme il en chercha toûjours les moyens, eût donné dans la suite de funestes marques de ressentiment. Que l'on ne dise pas que l'Arrest du Grand Conseil du 30. Mars 1680. qui a prononcé l'absolution de Marcara est un titre qui prouve son innocence : on verra que cette absolution est un effet du défaut qui se trouva dans les témoins qui furent produits contre l'accusé ; & cela est si vray, que l'Arrest ne luy adjugea que les dépens pour tous dommages & interests.

Les faits & les circonstances inutiles où l'on s'est arresté ont fait un gros procés d'un differend qui n'est rien de luy-mesme. On retranchera donc ces faits & ces circonstances inutiles, & la verité de ce que l'on dira sera d'autant moins suspecte, que Marcara convient luy-mesme d'une partie des faits decisifs & les plus importans.

Marcara se dit originaire d'Hispahan, & d'une des plus considerables Maisons de Perse ; mais on sçait que la Noblesse est toûjours le premier titre dont s'accommodent ceux qui luy ressemblent. Les pieces qu'il rapporte pour justifier cette pretenduë Noblesse, sont deux Certificats mendiez l'un à Venise, & l'autre à Amsterdam, & signez par quelques étrangers que l'on prétend estre Persans. Jamais Noblesse ne fut établie sur des titres plus foibles. On ne prouve point que ceux qui ont signé les Certificats soient Persans, ny par consequent qu'ils connoissent assez Marcara pour attester quel il est ; & d'ailleurs quand ils seroient Persans, l'experience n'a que trop appris que ces sortes de gens ne sont pas extremement scrupuleux, & que quand il s'agit de s'obliger les uns les autres, ils ne se font pas une affaire de signer un Certificat. Aussi depuis le procés jugé au Grand Conseil, les Sieurs Directeurs ont receu une piece authentique, & qui prouve d'une maniere convainquante la fausseté des pretendus Certificats rapportez par Marcara. C'est un Acte en forme de lettre écrite à Hispahan le 15. Septembre 1682. légalisé par un Ambassadeur de France & un Evesque, & signé par des gens que leurs fonctions & leur caractere mettent au dessus des soupçons. Cét Acte porte, *Que le pere de Marcara s'appelloit Della Marcara, c'est à dire Marcara le Couratier né de pauvres parens & de tres-petite maison;*

qu'il gagnoit sa vie assez maigrement, s'entremettant à de petits marchez de Vendeurs & Acheteurs ; que pour ce sujet on appelle telle sorte de pauvres gens Couratiers ; que le susdit Marcara eut trois enfans, l'aisné appellé Martirous, c'est celuy dont il s'agit ; *que le second s'appelloit Oüanes, & le troisiéme Youssof ; que le susdit Martirous aprés avoir traisné sa vie quelque temps en cét exercice & métier de son pere, trouva un Armenien appellé Auediqderay qui l'envoya negocier en qualité de son Commis*....... Cét Acte qui contient diverses particularitez de la vie & du parentage de Marcara, est signé par le Superieur de la Residence des Jesuites à Julfa, par le Superieur des Carmes Deschaussez, & par celuy des Capucins Missionnaires à Hispahan, par quelques Persans, & par quantité de François établis à la Cour de Perse depuis long-temps ; il est légalisé par l'Evesque de Cesarople Vicaire Apostolique de Babylone & de Perse, & Ambassadeur de France à Hispahan, & scellé de son Sceau. Ce seroit sans doute faire une injure à la dignité d'un Evesque, au caractere d'un Ambassadeur, & à la pieté de trois Prestres, de trois Religieux Missionnaires, que de revoquer en doute des veritez qu'ils attestent solemnellement ; ce seroit pecher contre le bon sens que de ne point adjoûter de foy à un témoignage qui ne peut recevoir d'atteinte ny de soupçon, & de croire cinq ou six Vagabonds, qui dans les Certificats que l'on pretend qu'ils ont donnez à Marcara, ont erigé aux dépens de la verité la misere en noblesse, & le fils d'un malheureux Couratier en Gentilhomme.

Ce pretendu Gentilhomme fut accusé à Florence de banqueroute frauduleuse, de subornation de témoins, & de differents crimes que toutes les Loix du monde punissent du dernier supplice. Tout ce que la Cour de Rome, qu'il eut l'adresse d'interesser dans son affaire, sous le pretexte d'un azile violé, pût obtenir en sa faveur, fut de faire moderer la peine à huit années de Galere, & par le *retentum* de la Sentence qui est du 10. Juillet 1663. il fut dit qu'il ne seroit mis à la chaine qu'aprés avoir payé ses creanciers. Marcara qui a bien préveu qu'une condamnation si infamante efaceroit seule ces impressions avantageuses qu'il tâche de donner de son innocence & de sa bonne foy, a mis tout en usage pour se justifier à cét égard. Il pretend qu'un Banquier, pour ne luy pas rendre pour une somme considerable de Marchandises qu'il luy avoit confiées, le fit arrester sous la porte d'un Cloistre, parce qu'il portoit un poignard à la mode de Perse ; qu'ennuyé d'une longue & fâcheuse prison il se sauva avec d'autres criminels, dont l'un avoit attenté à la vie de son pere ; que dans la suite il s'accommoda avec son debiteur, qui promit de payer ce qu'il luy devoit de principal, & mourut insolvable peu de temps aprés : & qu'enfin ayant voulu estre payé par preference aux autres creanciers que le Banquier avoit laissez, ils le firent condamner aux Galeres par contumace. Il faudroit beaucoup de credulité pour prendre des contes si ridicules pour des veritez constantes. A-t'on jamais veu qu'un debiteur fasse mettre son creancier en prison, & que les creanciers d'un homme insolvable pour empescher qu'un innocent ne soit payé de ce qui luy est deû, le fassent condamner aux Galeres ? Aussi outre que tout cela choque la vray-ſemblance, il y a deux circonſtances qui le rendent incroyable. L'une, que la Sentence eſt contradictoire, & non par contumace, & que quand elle ſeroit par contumace, Marcara ne s'eſt jamais aſſez fié à ſon innocence pour ſe repreſenter & pour purger la contumace. L'autre, que ſi Marcara avoit eſté innocent il ne ſe ſeroit pas rendu criminel en briſant les priſons pour s'enfuir, & il auroit travaillé à ſe juſtifier quand ce n'auroit eſté que pour obtenir des dommages & intereſts. Une condamnation de huit années de Galere ſuffit ſeule à donner une juſte idée de Marcara, & à faire connoiſtre le Perſonnage à qui les Sieurs Directeurs de la Compagnie des Indes ont le malheur d'avoir affaire.

Marcara fugitif ſçachant qu'en ce temps-là on travailloit en France à l'établiſſement du Commerce, crût qu'il luy ſeroit & plus doux & plus utile de ſervir la Compagnie aux Indes, que le Grand Duc dans ſes Galeres. Il avoit fait autrefois un voyage aux Indes, & l'on a ſceu depuis par le rapport de gens tres-dignes de foy, qu'il y avoit eû des avantures aſſez ſemblables à celle de Florence, mais on ne les rapporte point icy, parce qu'on ne veut rien dire dont l'on n'ait la preuve entre les mains. Il arrive donc à Paris, il offre ſes ſervices à une Compagnie naiſſante qui avoit beſoin de monde, & parce que l'eſtat malheureux où il eſtoit ne s'accordoit pas avec les airs d'homme d'importance & experimenté qu'il affectoit de prendre, il ſe plaignit d'abord d'avoir perdu à Florence des ſommes immenſes par une banqueroute. Ceux qui connoiſſent Marcara, & ceux de Noſſeigneurs du Conſeil qu'il a entretenus en les ſollicitant, ont remarqué ſans doute qu'il ne fut jamais un plus habile Comedien, il pleure & il s'évanoüit quand il luy plaiſt, & avec une candeur & une bonne foy étudiées, il n'y a point de faits qu'il ne mette dans un jour avantageux, ny de circonſtances qu'il ne ſçache blanchir quelques noires qu'elles ſoient. Il ſoûtient aujourd'huy qu'il mit entre les mains des Directeurs la Sentence renduë à Florence; mais s'il l'avoit fait, on jugera bien qu'on ne ſe fuſt pas fié à un Banqueroutier frauduleux qui ſe déroboit à la peine deuë à ſes crimes. Aprés un an d'importunitez on conſentit enfin qu'il allât aux Indes, & on luy preſta par obligation paſſée devant Notaires le 13. Novembre 1666. quinze cens livres pour s'habiller & pour acquitter les debtes qu'il avoit faites à Paris. Il s'embarqua à S. Malo le 23. Novembre 1666. ſur un Vaiſſeau de la Compagnie qui alloit à l'Iſle Dauphine; mais à peine fut-il parti que les Sieurs Directeurs furent avertis de differents endroits de ce qui s'eſtoit paſſé à Livourne, & qu'ils avoient eſté ſurpris par Marcara. On fut obligé d'écrire l'11. Decembre de la meſme année 1666. aux Directeurs de l'Iſle Dauphine, *Qu'on leur envoyoit Marcara, mais que l'on prit avec luy les meſures qu'il faut garder avec tous les Etrangers, celuy-cy meſme n'ayant pas eu en Europe la reputation d'un homme légal & de merite, & n'ayant pas réüſſi aux choſes qu'il avoit entrepriſes, qu'il en diſoit des raiſons dont on ne demeuroit pas d'accord, ſuivant les avis qu'on en avoit receus depuis ſon départ.* Marcara arriva le 23. Aouſt 1667. à l'Iſle Dauphine, & ce qui ſe paſſa dans le cours du voyage fit connoiſtre que les avis que l'on avoit receus de ſa conduite n'eſtoient

que

que trop veritables, & qu'il n'estoit pas un Sujet dont on pût s'accommoder long-temps.

Marcara trouva à l'Isle Dauphine toute l'authorité entre les mains du sieur de Montdevergue qui y avoit esté envoyé en qualité de Gouverneur & de Lieutenant de Roy, & qui par consequent y tenoit la premiere place dans le Conseil. Cét Officier plus adroit & plus entreprenant que les Sieurs Caron & de Faye, ne leur avoit laissé que le nom de Directeurs, & s'estoit rendu si absolu, que toutes les resolutions qui se prenoient au Conseil n'étoient que l'execution de ses volontez. Marcara eut l'adresse de le mettre dans ses interests sous la promesse ridicule qu'il luy fit de luy acheter à Golconde de gros diamants & à vil prix; de sorte que le Traité si avantageux qui fut arresté le 14. Octobre 1667. au profit de Marcara, fut un coup de l'authorité du sieur de Montdevergue. Par ce Traité on promit à Marcara une Commission de Conseiller au Conseil Souverain du Commerce, & la qualité de Directeur de tous les Comptoirs des Indes Orientales de Perse, & de tous les lieux où la Compagnie auroit des établissemens dans les païs du Sud. On luy promit par mois six cens livres d'appointemens, qui commenceroient à courir du present mois d'Octobre. On s'obligea de le nourrir avec ses Domestiques, & l'on luy fit enfin des conditions si avantageuses que l'on ne peut les lire sans quelque sorte de surprise. Aussi l'on verra dans la suite que les Directeurs de l'Isle Dauphine, ou pour mieux dire le sieur de Montdevergue alla beaucoup au delà du pouvoir qui luy est donné par le Reglement general homologué par les Lettres Patentes du Roy; & en cela comme en bien d'autres choses on commit tant de prévarications, que par une Deliberation du 26. Mars 1669. la Compagnie assemblée extraordinairement par un ordre exprés de sa Majesté, declara qu'elle ne pouvoit approuver ce que le Conseil de l'Isle Dauphine avoit arresté *par contravention aux Reglemens & instructions qu'elle avoit envoyées sur les lieux.* Cette Deliberation fut homologuée par un Arrest du Conseil du premier Avril de la mesme année: & enfin par un autre Arrest du Conseil du douziéme Novembre 1670. le Conseil de l'Isle Dauphine fut entierement supprimé.

Aussi-tost que Marcara fut en place, on reconnut son naturel violent & emporté. Allant à Surat il se battit le 24. Decembre 1667. avec le sieur Rambots Marchand de la Compagnie. Le sieur Caron qui estoit le premier Officier du Vaisseau prit connoissance de l'affaire, & par une Sentence juridique, condamna l'un & l'autre à trois cens livres d'amende. Marcara pretend qu'il fit infirmer cette Sentence par un Arrest du Conseil de l'Isle Dauphine, qui condamna le sieur Rambots seul à six cens livres d'amende, & à luy demander pardon; mais outre que cét Arrest n'est point rapporté, il fut aisé au sieur de Montdevergue qui tenoit le Conseil de l'Isle Dauphine dans une entiere sujettion d'y faire absoudre Marcara dont il s'estoit declaré le protecteur.

Parce que le Sr Caron a eu beaucoup de part dans tout ce qu'on va dire, Marcara soûtient qu'il estoit son ennemy; & voicy la cause imaginaire de cette inimitié. Il dit que le Sr Caron luy proposa de faire leurs affaires particulieres, & de s'enrichir à l'exemple des Hollandois qui amassoient des 3. à 400000 livres en quatre ou cinq ans; & que ce fut parce qu'il ne voulut pas écouter cette proposition que le sieur Caron devint son persecuteur, de son amy qu'il estoit auparavant. Mais une calomnie si noire n'a pas mesme de vraysemblance. Feu Monsieur Colbert qui estoit tres-sçavant dans l'art de connoistre les hommes, avoit choisi le sieur Caron pour Directeur, comme un Sujet d'une fidelité éprouvée, & ce choix seul est un titre qui justifie la conduite du sieur Caron. D'ailleurs, si le sieur Caron eust esté d'humeur à trahir la Compagnie, quelle apparence qu'il eust confié un secret de cette qualité à Marcara, à un Etranger & à un nouveau venu qu'il ne connoissoit point, & de la fidelité duquel il ne pouvoit par consequent estre assuré. Que l'on adjoûte à cela que quelques desseins qu'eust le sieur Caron, pouvant les executer indépendemment & sans le secours de Marcara, ç'eust esté la derniere des imprudences de se découvrir à un homme dont on n'avoit besoin ny des conseils ny de l'assistance, & qui estoit la creature & l'espion du sieur de Montdevergue.

Dans la suite, Marcara & quelques autres ayant prévariqué & commis differentes fautes, ils furent par Sentence du 14. Avril 1668. interdits de leurs fonctions & privez de leurs appointemens depuis le départ de l'Isle Dauphine, jusques à ce qu'il en eust esté ordonné par le Conseil Souverain de la mesme Isle. Cette Sentence fut renduë au Comptoir de Surat, où Marcara estoit alors, & parce qu'il en avoit interjetté appel, & qu'il falloit qu'il allast poursuivre cét appel au Conseil Souverain de l'Isle Dauphine, il fut embarqué sur le S. Jean qui retournoit en France par cette Isle. Marcara parle de cét embarquement comme d'une prison rigoureuse où il fut chargé de fers, mais il ne justifie ny les fers ny les rigueurs de cette pretenduë prison, & tous ceux qui estoient sur le Vaisseau, dont la pluspart sont encore vivants, sont des témoins irreprochables du contraire. Le sieur de Montdevergue n'abandonna pas Marcara en cette occasion. Par un Arrest du 7. Juillet de la mesme année 1668. il fit infirmer au Conseil Souverain de l'Isle Dauphine la Sentence du Comptoir de Surat, lever l'interdiction de Marcara, & rétablir ses appointemens; mais parce que cét Arrest fut un coup de l'authorité du sieur de Montdevergue, il fut cassé dans la suite par un Arrest du Conseil du premier Avril 1669. Il n'y a point eu jusques icy d'opposition à cét Arrest du Conseil, & par consequent la Sentence du Comptoir de Surat du 14. Avril subsiste encore.

Avant que l'on sçeut aux Indes que l'Arrest du Conseil Souverain de l'Isle Dauphine du 7. Juillet 1668. avoit esté cassé par un Arrest du Conseil du premier Avril 1669. on avoit délivré une Commission à Marcara pour aller servir à Coromandel & en d'autres lieux. Marcara par une imposture pleine d'éfronterie avoit assuré que le Gouverneur de Golconde estoit son parent, & que par le credit de ce parent, les François seroient receus du Roy avec un accuëil extraordinaire, & en obtiendroient tels établissemens qu'ils desireroient sur ses Terres. Le sieur Roussel Marchand de la Compagnie &

Marcara allerent donc à Golconde avec quelques Commis. Ils rencontrerent à deux lieuës de la Ville un Armenien Renegat sans suite, & en assez mauvais équipage, & l'on a sceu depuis que c'estoit un Marchand de Pierreries attaché aux Hollandois. Marcara fit passer ce Marchand pour le Gouverneur son Parent, & aprés s'estre entretenu en particulier quelque temps avec luy, il assura les François que ce pretendu Gouverneur alloit avertir le Roy de leur arrivée, & que le lendemain il reviendroit au devant d'eux avec quantité des Officiers de sa Majesté. Cependant non-seulement il ne vint personne au devant d'eux, mais mesme ils furent arrestez à la porte de la Ville, où ils demeurerent une demie heure, & contraints de loger dans une maison de loüage ; C'est ainsi qu'avec un credit & un parentage imaginaire Marcara se joüoit de la credulité des François, & il est surprenant qu'aprés que ses fourberies ont esté averées aux Indes il ose encore les debiter à Paris, & s'y faire passer pour un homme de consequence, luy qui la premiere fois qu'il parut aux Indes y vint avec un Marchand Armenien dont il estoit le valet. Mais ce qui justifie le peu de credit que Marcara avoit à Golconde, ce sont les sommes qu'il paroist par le compte arresté le 22. Septembre 1670 qu'il donna au Roy pour trois Audiences qu'il en obtint ; il paya pour la premiere mil pagodes & huit pistolles, montant à trois mil huit cens soixante-sept roupies ; pour la deuxiéme trois mil roupies, & dix mil livres pour la troisiéme, sans ce qu'il donna aux principaux Officiers de la Cour, revenant le tout ensemble à vingt-deux mil huit cens quarante-deux roupies, qui font prés de douze mil écus de la monnoye de France. Il n'y a point de Roy dans les Indes qui ne donne Audience à moindre prix, aussi l'on a toûjours crû que Marcara n'avoit pas donné les sommes qu'il a employées dans son compte.

Marcara voyant sa conduite extremement décriée, & ne doutant point qu'il ne fust bien-tost revoqué, ne garda plus de mesures dans ses prévarications. Il negotia ouvertement pour son compte ; il n'agit plus de concert avec le sieur Roussel qui l'avoit accompagné à Golconde. On apprit qu'il estoit Mahometan avec les Maures, Idolâtre avec les Payens, & Chrestien avec les Chrestiens. On décrouvrit que toutes ses ventes & ses achats estoient pleins d'infidelitez. On sçeut qu'il cherchoit à faire passer secretement en Europe avec une partie considerable de diamants le nommé Caujalem son Oncle & son Agent. On vit enfin qu'il s'estoit tellement assuré la protection des Indiens, qu'il n'avoit que du mépris pour les ordres de ses Superieurs. Il y eût eu de l'imprudence à souffrir une telle conduite dans un homme qui avoit entre les mains deux cens cinquante mil livres de l'argent de la Compagnie. Par une Deliberation arrestée à Surat en Novembre 1669. on luy enjoignit de s'y rendre incessamment ; il ne voulut point obeïr à cette Deliberation, & l'on fut contraint d'envoyer les Sieurs Malfosse & Deltor pour luy demander ses comptes ; mais ceux-cy n'estant ny en seureté ny assez forts pour executer les ordres de la Compagnie, leur voyage fut inutile. Il falut donc que le sieur Goujon allast luy-mesme trouver Marcara, parce qu'estant son amy & sa caution, on le crût plus propre qu'un autre à manier un esprit aussi peu traitable. On voit par une lettre que le sieur Goujon écrivit le 15. Aoust 1670. de Massulipatam au sieur Caron, & qui est produite au procés, de combien d'adresse le sieur Goujon eut besoin pour executer sa Commission. Il trouva Marcara à Golconde, d'où il ne luy fut pas aisé de le faire sortir ; Il marque par sa lettre, *Que sous divers pretextes ils ne purent sortir de Golconde que le 24. Juillet, & qu'ils furent camper dans un jardin d'où ils ne purent encore sortir que le 27. sur les mesmes pretextes, qui estoient d'obtenir une licence pour l'exemption d'un certain droit sur les Charettes, dont toutefois ils ne purent venir about ; mais que comme il avoit à menager un esprit extremement soupçonneux il luy fallut continuer dans le projet qu'il avoit formé de le mener par la douceur, puis que la force & la violence n'estoient point de saison en un lieu où il avoit des amis, qui peut estre auroient prévenu sa justice, & où il auroit mis l'authorité de la Compagnie mal à propos en compromis.* Il dit ensuite, *qu'à son arrivée il trouva Marcara à Golconde fort inquiet & chagrin, avec des discours de peu de suite, des interrogations impertinentes, & des entretiens de peu de rapport, des emportemens peu supportables, qui augmenterent les soupçons de sa conduite, & qu'il se passoit d'étranges choses dans son esprit, ce qui le porta davantage à le ménager doucement pour ne pas causer un éclat fâcheux, qu'il ne voulut point pour lors luy demander aucuns comptes ny raisons de sa conduite qu'autant qu'il voulut luy en dire, pour ne pas donner naissance à quelques difficultez qui l'obligeassent à rompre, qu'il ne voulut pas mesme délivrer à Golconde aucunes des lettres qu'on luy avoit envoyées ; parce que comme il n'y avoit point de secret à Golconde il craignoit que ledit Marcara n'eut le vent de ses intentions, qui eût esté ruiner son dessein par sa façon d'agir, qu'il avoit veu la repugnance qu'il avoit de venir à Massulipatam, mais enfin qu'il l'y tenoit, & qu'il y seroit maistre de luy.*

Le sieur Goujon arrivé à Massulipatam se servit de toutes les voyes de la douceur pour obliger Marcara à rendre ses comptes sans bruit & sans éclat ; mais enfin estant averty qu'au lieu de travailler à ses comptes, il avoit de nuit de longues & de secretes conferences avec les Maures, & qu'il se préparoit à s'enfuir, il le fit arrester le 21. Septembre 1670. On le mit dans le Magazin de la Loge, & l'on alla ensuite dans sa chambre où l'on trouva quelques hardes qui furent saisies, & dont on fit inventaire. On arresta pareillement le fils de Marcara, tant parce qu'on ne voyoit aucun employ de prés de douze mil écus qui luy avoient esté confiez pour aller negocier à Saint Thomé, que parce que s'il fust demeuré en liberté il eût soulevé les Maures pour tirer son pere de prison. Le fils fut enfermé dans un autre lieu que celuy où estoit le pere, mais il en fut tiré le lendemain & mis ailleurs, parce que la nuit il avoit fait une ouverture pour s'enfuir.

Les Maures ayant commencé à tumultuer dés qu'ils sceurent que Marcara avoit esté arresté, le sieur Goujon fit avertir Mamoudbeck Gouverneur de Massulipatam, qu'en execution des ordres de la Compagnie il avoit fait emprisonner Marcara, afin qu'il ne fût pas surpris de la nouvelle qu'il en apprendroit d'ailleurs. Mamoudbeck fit réponse qu'il desiroit voir le sieur

sieur Goujon pour terminer ce different, & qu'il le prioit de le venir trouver le lendemain ; mais on sceut que l'intention de Mamoudbeck estoit de retenir le sieur Goujon, & de ne le mettre en liberté qu'aprés qu'elle auroit esté renduë à Marcara & à son fils. Dans l'inventaire qui fut fait des hardes de Marcara on ne trouva ny le Firman qui avoit esté obtenu du Roy de Golconde, ny argent ny effets, ny aucuns papiers de la Compagnie, à l'exception du Livre de Deliberations. On ne douta point alors que Marcara qui avoit diverty les effets de la Compagnie & les titres qui pouvoient en donner connoissance, n'eust un party formé. Ainsi de peur que les Commis de la Compagnie qui estoient à Golconde & en d'autres lieux ne fussent pris à dépourveu & insultez, on les avertit de ce qui s'estoit passé, & de se tenir sur leurs gardes.

Le lendemain 22. Septembre Marcara presenta un compte de Quaisse, & un compte du courant qui furent signez & arrestez l'un & l'autre. Par le compte de Quaisse il se trouva debiteur de dix-sept mil sept cens quatre-vingts-deux roupies vingt-huit pesarts ; & par le compte du courant déduction faite du debet du compte de Quaisse, il se trouva seulement debiteur de quinze mil huit cens vingt-neuf roupies seize pesarts. Cette somme qui revient à vingt-trois mil sept cens quarante-quatre livres dix sols monnoye de France, est une de celles qu'il doit actuellement à la Compagnie. Il paroist par ces deux comptes qui sont produits en l'Instance, qu'on a alloüé à Marcara tout ce qu'il a voulu, & qu'il a mesme employé quantité de fausses dépenses qui ne luy ont point esté contestées. Il estoit logé, nourry & défrayé luy & ses gens aux dépens de la Compagnie ; de sorte, que nonobstant tout cela, s'estant encore trouvé debiteur par ses comptes, il falloit ou qu'il montrât à quoy il avoit consommé les effets de la Compagnie, ou qu'il demeurât convaincu de les avoir divertis ; & voicy pour se tirer d'embarras l'employ qu'il prétendit qu'il en avoit fait. Il dit qu'il avoit assisté sa mere dans sa necessité, & qu'il luy avoit fait tenir de l'argent en Perse ; qu'il avoit donné plus de mil roupies aux Pauvres, & qu'il avoit envoyé de l'argent en Armenie pour rebastir une Eglise ruinée, & cinq cens roupies à Jerusalem pour payer un tribut que les Armeniens doivent au Turc. La mere de Marcara necessiteuse est un titre parlant qui dément la noblesse & l'opulence dont il se vante aujourd'huy. Mais quelque grande que soit la necessité d'une mere, & quelque obligé que soit son fils de la secourir, il ne le peut faire d'un bien qui ne luy appartient point, & si Marcara eût eu de l'argent dont il eust pû disposer, c'eust esté sans doute une œuvre beaucoup plus Chrêtienne de payer les creanciers à qui il avoit fait banqueroute à Livourne, que de faire des aumosnes, rebastir une Eglise, & acquitter le tribut des Armeniens. Ce ne fut pas sans dessein que Marcara se vanta de ces fausses actions de pieté, on le soupçonnoit de n'avoir point de Religion, & l'on sçavoit que s'il n'eust pas esté prévenu il se fust fait Mahometan, & il crût qu'en publiant des charitez qu'il n'a jamais faites, il détruiroit la méchante opinion qu'on avoit de luy, & qu'il se feroit passer pour bon Chrestien. Mais comment accorder ce Christianisme avec ce que dit un témoin ; c'eſt le huitiéme de l'information faite au Grand Conſeil le 3. Juillet 1677. Il dépoſe, *que le ſieur Godeville & Bodeau luy dirent à Golconde, que Marcara leur avoit défendu d'aller à la Meſſe, & que la maiſon de la Compagnie ſervoit de Moſquée aux Mahometans, & de Pagodes aux Gentils pour prier Dieu ; & que Marcara eſtant malade d'une fiévre tierce, il envoya querir pluſieurs Bramens qui ſont les Preſtres des Gentils, pour offrir des Sacrifices à leur Dieu, qui chaſſeroit le Diable qui eſtoit en la maiſon, & cauſoit la maladie de Marcara, leſquels barboüillerent Marcara par le front & les temples de rouge & de jaune, aprés pluſieurs ceremonies ſuperſtitieuſes.* On peut juger de là quelle eſt la religion & la creance de Marcara.

Le meſme jour 22. Septembre un homme envoyé par Necnomcam General des Armées du Roy de Golconde, & la premiere Perſonne de l'Eſtat, vint à la Loge s'informer de l'empriſonnement de Marcara. Il en vint encore un autre de la part de Mamoudbeck prier que le ſieur Goujon ou un autre François de conſideration allât parler à luy. Comme on ne doutoit point que Necnomcam & Mamoudbeck qui avoient la force à la main, n'employaſſent les armes & la violence aprés s'eſtre ſervis inutilement des prieres & des artifices ; on envoya le lendemain un Patmar à Golconde avec des lettres pour le Roy, pour Chamioſa Secretaire d'Eſtat, & pour Agna-Sarbeck. On leur donnoit avis des raiſons qui avoient obligé la Compagnie à ſe ſaiſir de Marcara, & on les prioit civilement d'empeſcher que les Officiers qui eſtoient ſur les lieux ne ſe mélaſſent d'une affaire où les François ſeuls avoient intereſt, & dans laquelle il ne ſeroit fait ny violence ny injuſtice à Marcara.

Cependant ſur les neuf heures du matin un Dobaſſy vint demander à la Loge ſi le ſieur Goujon vouloit venir trouver Mamoudbeck, & dit que s'il n'y venoit d'amitié on l'y feroit venir malgré qu'il en euſt. Peu de temps aprés, cent cinquante tant Pions que Soldats armez de mouſquets, de fléches & de ſabres, vinrent ſe poſter au coin de la Loge. Le nommé Ramondas qui eſtoit au ſervice de Marcara, & qui s'eſtoit jetté parmy les Maures quand il l'avoit veu arreſté, faiſoit la fonction de Sergent. Les Maures ſe contenterent d'inveſtir la Loge, & ne firent d'abord aucun acte d'hoſtelité, ſinon que les Pions du Cotonval, qui eſt le grand Prevoſt, ſaiſirent les vivres qui venoient à la Loge. Mais enfin ſur les quatre heures du ſoir un valet de la Compagnie qui conduiſoit un bœuf chargé d'eau, fut arreſté, battu, & ſon bœuf tué à la porte de la Loge, & à la veuë des François. C'euſt eſté une infamie à la Nation de ſouffrir cét inſulte. Le ſieur Martin & trois ou quatre autres ſans s'étonner du nombre des ennemis, prirent des armes par précaution, & ſortirent pour demander aux Maures ce qui les obligeoit à outrager de la ſorte les François ; mais à peine eurent-ils paru que le Cotonval qui eſtoit à la teſte des Maures leur commanda de les charger. Les Maures tirerent neuf ou dix coups de mouſquet, & quantité de fléches ; de ſorte que les valets qui avoient ſuivy leurs Maiſtres les abandonnerent, & prirent la fuite. Les Maiſtres quoy qu'abandonnez ne laiſſerent pas de tirer & de mettre quatre Maures par terre, mais parce que la partie n'eſtoit pas égale, il se retirerent incontinent. Ils furent poursuivis à coups de mousquet & de fléches jusqu'à la porte de la Loge, & le sieur Formentin qui estoit demeuré derriere fut coupé & tué d'un coup de mousquet. Le sieur Dandron & quatre ou cinq autres François jugeant au bruit & aux coups qu'ils entendoient que les Maures battoient ceux qui estoient sortis, voulurent les aller secourir par la porte de derriere ; mais en ouvrant cette porte ils y trouverent dix ou douze Razepoutes postez, à la teste desquels estoit ce Ramondas valet de Marcara, dont on a déja parlé. Ceux-cy se trouvant en petit nombre prirent la fuite dés qu'ils virent que le sieur Dandron se preparoit à les charger. Cependant la Loge estant investie de toutes parts, on fit des meurtrieres en differens endroits, & l'on tira avec tant de succés sur les Maures, qu'ils furent contraints de quitter les postes qu'ils occupoient. Outre le sieur Formentin qui fut tué il y eut plusieurs François blessez, & entr'autres le sieur Martin qui y eut la clavicule percée d'une fléche, dont le fer luy demeura dans le corps.

Cependant Marcara qui entendoit & qui voyoit du magazin où il estoit enfermé une partie de ce qui se passoit, craignant qu'on ne vengeast sur luy un insulte dont il estoit l'autheur, se mit à demander pardon en pleurant, & à crier qu'on luy donnât la liberté d'agir, & qu'il feroit cesser le desordre. On accepta ce party par l'impossibilité où l'on estoit de mieux faire. On luy dit donc qu'il obligeât le Gouverneur & les Maures à ne plus se méler de ses affaires, sinon qu'à la premiere émotion qu'ils feroient on luy casseroit la teste. Ce compliment étonna Marcara, mais il ne l'obligea pas à en user de bonne foy ; car ayant conferé plusieurs fois avec differens Maures, & les ayant envoyez de sa part au Gouverneur, le Gouverneur s'obstina toûjours à vouloir, ou que le sieur Goujon le vint trouver, ou qu'en tout cas on luy envoyât Marcara, assurant qu'il le renvoyeroit incontinent, & qu'il seroit sa caution de ce qu'il devoit à la Compagnie, comme s'il eût esté possible de faire payer un Gouverneur tout puissant dans le païs, & qui avoit les armes à la main. Les François s'attendant toûjours d'estre attaquez se barricaderent dans leur Loge, & firent provision de vivres, de poudre & de plomb, & de tout ce qui estoit necessaire pour se défendre; mais la mort du sieur Goujon qui fut emporté d'une fiévre violente qui le saisit pendant le combat dont on a parlé, les mit dans une étrange consternation. Le sieur Martin prit sa place en vertu de la Commission qui luy avoit esté donnée par le sieur Caron, en cas de deceds du sieur Goujon, & cette Commission fut leuë & signifiée à Marcara.

Les prévarications de Marcara, ses pratiques criminelles, & l'insulte qu'il avoit fait faire aux François, estoient d'un exemple trop pernicieux pour demeurer impunis. Le sieur Goujon avoit commis trois Officiers pour luy faire son procés ; ils avoient fait une information de cinq ou six témoins, & l'avoient interrogé, & le sieur Martin fit continuer cette procedure. Le Gouverneur s'appercevant enfin qu'il ne luy estoit pas facile de tirer Marcara des mains des François, & craignant d'ailleurs que ce qu'il avoit fait pour luy ne passât à la Cour pour un attentat à la protection que le Roy avoit donnée à la Compagnie, changea tout d'un coup de langage, & declara qu'il ne prenoit plus de part à Marcara, & que l'on pouvoit en disposer comme on voudroit. Marcara de son costé desesperant d'estre secouru par les Maures se soumit à la Justice des François, & consentit d'estre emmené à l'Isle Dauphine ou en France. Il fit mesme rendre par un Armenien le Firman qu'on avoit obtenu du Roy de Golconde, & rapporter par un autre quatre montres à boëttes d'or, & quelques Livres qui appartenoient à la Compagnie.

On vit pourtant naistre bien-tôt de nouveaux embarras, & dont les suites estoient d'autant plus à craindre que le Roy y prenoit interest. Marcara avoit emprunté d'un Armenien mil pagodes, & ne luy en avoit rendu que cent en porcelaines. L'Armenien sçachant que Marcara estoit arresté, & qu'on alloit le conduire en Europe, demanda justice au Roy, & en obtint un ordre pour Mamoudbeck, de ne point souffrir que Marcara fust embarqué que les neuf cens pagodes qui restoient deuës n'eussent esté payées. Le Gouverneur fit extremement valoir cét ordre, & declara qu'il falloit ou qu'on luy rendit Marcara, ou que la Compagnie payât les neuf cens pagodes. On luy representa que Marcara estant engagé aux François, criminel & debiteur de la Compagnie, on ne pouvoit le luy rendre ny payer neuf cens pagodes en l'acquit d'un homme à qui l'on ne voyoit aucuns effets, & de qui l'on estoit déja creancier d'une somme considerable pour le reliquat de ses comptes. Le Gouverneur que l'ordre du Roy rendoit fier & hautain, menaça d'assieger la Loge avec six cens hommes. Il fallut donc chercher des ménagemens avec luy ; mais au milieu de tout cela, l'occasion s'estant trouvée propre, Marcara fut embarqué le 15. Octobre sur les huit heures du soir. Parce que l'on craignoit qu'en le conduisant de la Loge à la Chaloupe il ne s'échapât, ou qu'il ne criât & appellât les Maures à son secours, on luy lia à la verité les mains, & l'on le menaça de le tuer s'il faisoit du bruit & de la resistance. Voila toute la dureté que l'on a euë pour Marcara, & si cela peut se nommer violence, on jugera sans doute que cette violence fut necessaire, & qu'il y eust eu de l'imprudence à ne la point commettre. Le Gouverneur ayant appris que Marcara n'estoit plus dans la Loge, mit garnison dans la Doüanne, pour empescher que les François n'embarquassent les marchandises destinées pour la Cargaison de la Couronne qui estoit à la rade. Ainsi quoy que l'on pût faire, il fallut enfin que le Bagnan de la Compagnie fist son billet des neuf cens pagodes, & promît de les payer dans quatre mois. La Compagnie les a payées en effet, & elles luy sont encore deuës par Marcara.

On avoit ordonné au Capitaine du Vaisseau sur lequel Marcara & son fils furent embarquez, d'empêcher qu'ils ne vaguassent sur les ponts & ne communiquassent avec l'équipage. Le Capitaine n'ayant pas executé cét ordre assez fidellement, Marcara & son fils caballerent parmy l'équipage & travaillerent à le soûlever ; de sorte que le Capitaine fut obligé de les faire enfermer en des chambres separées. Il arriverent à Surat le 10. Janvier 1671. Marcara s'estoit imaginé que le sieur de Montdevergue son ancien amy le tireroit d'affaire, comme il avoit toûjours fait ; mais il apprit à Surat que sa rebellion

rebellion & l'insulte qu'il avoit fait faire aux François à Mussulipatam estoient des crimes si attroces, que le Conseil Souverain de l'Isle Dauphine ne vouloit point en prendre connoissance, & avoit resolu d'envoyer les Coupables en France. Marcara n'ayant plus d'esperance que dans la fuite, se jetta une nuit dans la Mer par la fenestre de la chambre où il estoit enfermé, mais il n'alla pas loin, & il fut bien-tost repris par les Matelots qui faisoient le quart. Cette tentative qui fit voir que Marcara avoit dessein de s'enfuir, fut cause qu'on l'observa de plus prés, & qu'on le resserra plus étroitement jusqu'à ce qu'il fust en France, où il arriva au Port-Loüis le premier Février 1673.

Voila ce qui s'est passé à l'égard de Marcara, tel qu'il est justifié par le Journal du sieur Martin, & par les autres pieces qui sont produites. Mesme pour abreger dans une affaire qui d'elle-mesme est tres-longue, on a obmis quantité de circonstances de la rebellion de Marcara, & de la sedition qu'il excita à Mussulipatam contre les François. Il est certain qu'en tout cela les Directeurs de l'ancienne Compagnie ou leurs Commis n'ont rien fait que ce qu'on fait ordinairement pour empescher l'évasion des Coupables, dont il importe que les crimes ne demeurent point impunis. Il est est vray que Marcara a debité dans le public une histoire pitoyable, où il a fait entrer des chaînes & des entraves, & il represente un Innocent persecuté de la plus cruelle maniere du monde; mais on a cét avantage qu'il n'a rien produit qui justifie ces pretenduës cruautez, & que l'on prouve au contraire la fausseté de tout ce qu'il avance. D'ailleurs, quand tout seroit égal de part & d'autre, quand les Sieurs Directeurs ne détruiroient pas par des pieces authentiques les faits de violence & de cruauté dont Marcara a grossi son Roman, & qu'ils se contenteroient de dire simplement qu'on ne l'a point traité avec les duretez dont il se plaint, qui croira-t'on plûtost ou des Sieurs Directeurs ou de Marcara? Qui merite plus de foy, ou de gens d'honneur dont la reputation est établie & la probité connuë, ou d'un fugitif condamné ignominieusement & qui s'est dérobé aux Galleres? Aussi quoy que la Compagnie accablée de differentes affaires n'ait rien écrit jusques icy pour la justification de ses anciens Directeurs, Marcara n'a pourtant pû avec tous ses Libelles persuader ses avantures qu'à de petites femmes; les personnes éclairées ne se sont point entestées en sa faveur; & ceux qui sçavent de quelle maniere les Anglois & les Hollandois punissent aux Indes les moindres fautes de leurs Commis, se sont étonnez que les François ayent traité avec tant de moderation un homme si criminel. Les Hollandois entr'autres portent la severité si loin, que les châtimens qu'ils font souffrir sont pleins d'inhumanité, & rapportez dans les Relations des Voyageurs comme des exemples singuliers de cruautez inoüies. Si Marcara eût esté au service des Hollandois, & qu'il eût prévariqué dans ses fonctions; s'il eust eu deux cens cinquante mil livres entre les mains dont il n'eust pas rendu compte fidellement & à point nommé; si emprisonné faute de rendre compte il avoit soulevé les Maures en sa faveur, fait assieger la Loge, & eust esté cause de la mort de quelques-uns des Officiers de la Compagnie ; si en un mot il avoit fait aux Hollandois ce qu'il a fait aux François, seroit-il encore au monde, & dans quels supplices les Hollandois ne l'auroient-ils point fait expirer ? Cependant si l'on regarde sans prévention, & suivant les pieces qui sont produites, la conduite qu'on a tenuë avec luy, on trouvera qu'il ne s'est rien passé à son égard que de conforme aux regles les plus douces de la Justice ordinaire.

Il se plaint à la verité qu'il fut arresté sans qu'il y eût contre luy ny decret ny titre qui justifiast qu'il fust debiteur de la Compagnie, & qu'en cela on a contrevenu aux Ordonnances & aux Loix qui s'observent en France ; mais on sçait que les coupables reputez tels par la notorieté publique, & ceux qui sont pris en flagrant délit, s'arrestent bien souvent sans decret, & particulierement quand on a lieu de craindre qu'ils ne s'absentent, & que par la fuite ils ne se dérobent à la Justice. Il est vray que les Coûtumes & les Ordonnances défendent en matiere civile d'emprisonner un homme sans un titre qui prouve qu'il est debiteur ; mais on sçait encore qu'il n'y a point de Loix quelques sages & quelques parfaites qu'elles soient, qui ne soient défectueuses en quelques cas que les Legislateurs n'ont point préveus, ou à qui ils n'ont pû remedier ; & comme il ne seroit pas juste que l'imperfection de la Loy causast du préjudice aux particuliers, l'équité naturelle supplée à ce qui luy manque. On peut voir cela plus au long dans le sçavant Traité que le sieur Groot a fait de l'Equité, où il montre qu'elle est au dessus de la Loy qu'elle adoucit, à qui elle supplée & dont elle corrige les imperfections ; ainsi que parmy les Romains le droit du Preteur corrigeoit le droit civil & y suppléoit en de certains cas. Si Marcara eust esté François, qu'il eust eu son domicile & ses effets à Paris, ou en quelqu'autre Ville de France, on n'eust pû sans doute l'arrester qu'avec une Sentence, ou un autre titre qui eust prouvé qu'il estoit debiteur & qui l'eût condamné par corps ; mais estant Persan sans effets en évidence & sans residence assurée aux Indes, ny dans le reste du monde, l'équité en ce cas l'a emporté sur la Loy, & a permis de se saisir d'un homme qui estoit à la veille de s'enfuir, & qui l'eût fait au premier exploit qui luy eust esté donné pour l'obliger à rendre ses comptes.

Marcara & son fils sortirent de la Citadelle du Port-Loüis en vertu d'un Arrest du Conseil du 2. Janvier 1675. qui leur enjoignit de se rendre à Paris dans trois semaines du jour qu'ils auroient esté mis en liberté, & de comparoistre devant Monsieur Turgot de S. Clair, pour estre interrogez sur les faits resultans des pieces qui luy seroient mises entre les mains. Il y eut ensuite differentes procedures au Conseil, où Marcara par recrimination fit demande aux Directeurs de l'ancienne Compagnie de diverses sommes, mais au lieu de prononcer sur cette demande, par Arrest du 27. Février 1677. il fut renvoyé au Grand Conseil pour luy estre son procés fait & parfait en la maniere accoûtumée.

L'affaire fut instruite au Grand Conseil par recollement & confrontation. Il paroist par la procedure extraordinaire qui a esté jointe à l'Instance qui est pendante au Conseil, que Marcara fut accusé d'avoir volé la Compagnie, d'avoir diverty ses effets & trahy ses interests, d'avoir soulevé les

Maures contre les François, & de les avoir fait assiéger dans leur Loge de Massulipatam, d'avoir fait tuer le sieur Fourmentin, & blesser le sieur Martin, & plusieurs autres dans le siege qu'ils furent obligez de soûtenir. En un mot Marcara fut accusé d'une infinité de crimes que toutes les Loix du monde punissent du dernier supplice. Les preuves qui en furent rapportées n'estoient ny obscures ny douteuses. Les témoins qui furent oüis dans les informations parlerent de ce qu'ils avoient veu & de ce qu'ils avoient entendu , & les pieces qui furent produites en disoient beaucoup plus qu'il ne falloit pour une preuve entiere & complete. Cependant il se trouva dans les pieces & dans les témoins un défaut qui seul sauva Marcara, & luy conserva une vie qu'il meritoit cent fois de perdre. Parce que les crimes dont il s'agissoit avoient esté commis aux Indes, on ne pût avoir pour témoins que des gens qui avoient esté aux gages de la Compagnie, ny produire d'autres pieces que des Lettres ou des Actes qui avoient esté écrits par les Commis de la mesme Compagnie. On sçait que quelque rigoureuse que soit la Loy elle ne conduit pourtant les Coupables à la mort qu'avec des preuves si pures qu'elles ne puissent pas mesme estre soupçonnées : de là vient que le moindre défaut dans la formalité, le moindre vice dans la procedure, le moindre reproche contre les témoins sont autant d'aziles qui mettent un accusé à couvert. Le Grand Conseil ne crût pas que sur la déposition de témoins qui avoient esté aux gages la Compagnie , & sur des pieces qui avoient esté écrites par ses Commis, quelques fortes que fussent les preuves qui en resultoient, il pût condamner Marcara. Il le renvoya absous par son Arrest du 30. Mars 1680. sans neantmoins le declarer innocent, puisque le mesme Arrest qui exempte Marcara de la peine, fait voir qu'il estoit coupable. En effet, quoy que Marcara se fût plaint d'une prison de cinq années, & que cette prison avoit esté accompagnée de rigueurs qui alloient jusqu'à la cruauté, on ne luy adjugea pourtant que les dépens pour tous dommages & interests. Si Marcara avoit esté tel qu'il se dépeint dans ses Libelles, si sa conduite avoit esté aussi pure, si son innocence avoit esté aussi bien établie qu'il ose le publier dans le monde, le Grand Conseil aprés une prison de cinq années ne luy auroit-il adjugé que des dépens pour tous dommages & interests ? Il est vray que l'on adjugea quatre mil livres de dommages & interests au fils de Marcara ; mais si en cela on a jugé que le fils estoit moins coupable que le pere, en n'adjugeant rien à celuy-cy, on a jugé qu'il estoit extremement coupable, & qu'il ne tenoit son absolution que du défaut qui s'est trouvé dans les preuves. Voilà quel a esté l'Arrest du Grand Conseil du 30. Mars 1680. cét Arrest qui sert de fondement aux éloges que Marcara se donne à luy-mesme, & qu'il a debité dans le public comme une preuve authentique de son innocence, & de la persecution qui luy a esté faite.

On remarquera icy pour entendre la procedure, que pendant que les parties plaidoient au Grand Conseil, il y eut Arrest au Conseil du Roy le 12. Février 1678. qui ordonna qu'il seroit incessamment procedé au Jugement de l'Instance criminelle pendante au Grand Conseil, & cependant sursis à toutes pourſuites civiles. Dans la ſuite Marcara ſous le pretexte d'un ſéjour qui ne luy eſtoit point deû, & ſur le fondement d'une Nobleſſe imaginaire, ayant fait liquider à une groſſe ſomme les dépens qui luy ont eſté adjugez par l'Arreſt du 30. Mars 1680. ce qu'il n'eût pas fait ſi l'on eût alors l'Acte légaliſé par l'Ambaſſadeur à Hiſpahan, & n'eſtant pas juſte que les Sieurs Directeurs la payaſſent à un homme, dont par l'évenement ils ſe trouveront creanciers d'une ſomme conſiderable, & qui ſe fuſt enfuy aprés l'avoir touchée, & leur euſt fait perdre ce qui leur eſt deû ; il y eut un autre Arreſt au Conſeil le 4. May 1680. qui ordonna que Marcara y ſeroit aſſigné, & & cependant qu'il ſeroit ſurſis à l'execution de l'Arreſt du Grand Conſeil du 30. Mars 1680. Et enfin le 7. Decembre enſuivant il y eut un troiſiéme Arreſt qui y évoqua les demandes civiles de Marcara ; C'eſt en execution de cét Arreſt que les parties procedent aujourd'huy au Conſeil ſur les demandes civiles que Marcara a faites aux Directeurs, & ſur celles que les Directeurs ont faites à Marcara.

Pour ne rien dire qu'avec ordre, les Sieurs Directeurs diviſeront le reſte de cét ouvrage en deux Parties. Dans la premiere, ils examineront les pretentions que Marcara a contre eux. Et dans la ſeconde celles qu'ils ont contre Marcara.

PREMIERE PARTIE.

Examen des Pretentions de Marcara, contre les Sieurs Directeurs.

TOUTES les demandes de Marcara ſe reduiſent à quatre.

La premiere eſt du payement des appointemens pretendus par Marcara en qualité de Conſeiller au Conſeil Souverain de l'Iſle Dauphine, & de Directeur general des Comptoirs de la Compagnie dans les Indes, à raiſon de ſix cens livres par mois, ſuivant qu'ils ont eſté reglez, dit Marcara, par un Deliberation du Conſeil Souverain de l'Iſle Dauphine du 14. Octobre 1667. à compter depuis le 23. Decembre 1666. qu'il s'embarqua à Saint Malo, juſques à ce qu'il ait eſté entierement payé & ſatisfait.

La ſeconde eſt de la reſtitution d'une ſomme de ſix mil livres, à laquelle Marcara ſe reſtraint pour la valeur de ſes hardes, meubles, marchandiſes, effets, or & argent monnoyé pretendus pillez dans ſa chambre à Muſſulipatam le 21. Septembre 1670. qu'il fut arreſté priſonnier.

La troiſiéme d'une ſomme de quinze cens livres qu'il prétend avoir ſaiſie entre les mains des Sieurs Directeurs, en vertu d'un Jugement du Conſeil de l'Iſle Dauphine ſur le nommé Beber, employé pour le ſervice de la Compagnie.

Et la quatriéme enfin de tous ſes dommages & intereſts indéfiniment.

Sur

Sur tout cela Marcara offre de déduire la somme de quatre mil cinq cens vingt-deux livres, dont il se reconnoist debiteur suivant un arresté de compte qu'il date tantost du mois d'Aoust, & tantost du trentiéme Septembre 1670.

Enfin par une autre Requeste du 10. Juin 1688. Marcara a demandé les interests de ses appointemens, à compter du cinquiéme Mars 1676. qu'il pretend en avoir fait la demande; les interests de la somme de six mil livres, à compter du 21. Septembre 1670. & ceux de la somme de quinze cens livres, à compter du 13. May 1669. qu'il pretend avoir saisi entre les mains des Sieurs Directeurs, aux offres qu'il fait de déduire la somme de quatre mil cinq cens vingt-deux livres dont il a esté parlé, & quinze cens livres qu'il doit à la Compagnie par obligation du 13. Novembre 1666. en faisant l'imputation sur les interests qu'il pretend luy estre deûs.

Il faut examiner chacune de ces demandes en particulier, & l'on sera surpris que sur le fondement de pretentions si mal fondées, Marcara ose persecuter depuis si long-temps la Compagnie des Indes, & que pour excroquer une somme considerable il noircisse d'injures & de calomnies les Directeurs. Mais que ne doit-on point attendre d'un homme qui né dans la bassesse & dans la misere, a pourtant eu assez de front pour se faire passer à la Cour pour Gentilhomme, & par le plus insolent de tous les mensonges se faire regarder pour tel par le Roy mesme?

Premiere demande de Marcara pour raison de ses appointemens.

IL y a trois choses à examiner à cét égard; l'une, si Marcara aprés ce qu'il a fait, peut demander des appointemens; l'autre, sur quel pied il peut les demander; & la troisiéme, en quel temps ont commencé, & en quel temps ont finy ces appointemens.

C'est un principe étably par toutes les Declarations que la Compagnie a obtenuës de sa Majesté, que ceux qui servent la Compagnie aux Indes ne peuvent y negocier pour leur compte particulier, sous peine d'estre privez de leurs gages. Cette peine n'a jamais esté reputée comminatoire, comme le pretend Marcara, & toutes les fois qu'un Commis a esté convaincu d'avoir negocié pour son compte particulier, il a esté chassé & privé de ses appointemens. En effet, si ceux qui servent aux Indes avoient la liberté de negocier pour leur compte, ils donneroient leur temps & tous leurs soins à leurs affaires particuliers, & la Compagnie mal servie ne pourroit par consequent éviter sa ruine.

Marcara ne peut pas disconvenir qu'il n'ait negocié pour son compte, les mille pagodes d'or qu'il emprunta de Marsadely Armenien, en sont une preuve convainquante, & il en est demeuré d'accord luy-mesme dans l'article 28. de l'interrogatoire qu'il subit le 12. Mars 1675. devant Monsieur Turgot. *Enquis si ça esté par l'avis du Comptoir de Massulipatam qu'il envoya son fils à S. Thomé pour acheter des marchandises. A dit, que ce fut par Deliberation signée de luy & de Roussel, & qu'il fut baillé environ neuf mil pagodes à sondit fils, dont partie estoit pour son compte.* Marcara pour éluder l'induction que l'on tire de sa réponse, dit aujourd'huy que quand il a répondu que partie des neuf mille pagodes d'or qui furent baillées à son fils estoient pour son compte, cela doit estre entendu pour le compte de son fils, & non pour le sien, & que son fils n'estant ny Commis ny aux gages de la Compagnie, il pouvoit negocier pour son compte. On convient que le fils de Marcara personnellement n'estoit ny Commis ny aux gages de la Compagnie, mais il estoit Commis de son pere, & un de ceux qui travailloient sous luy pour la Compagnie, qui logeoit & nourrissoit le fils comme le pere, & tous les autres que celuy-cy employoit. Ainsi le fils de Marcara estoit indirectement au service de la Compagnie, & il ne pouvoit par consequent negocier pour son compte particulier. D'ailleurs, si l'on reflechit un peu sur les termes dans lesquels Marcara a conceu sa réponse, on trouvera que le sens naturel est qu'une partie des neuf mille pagodes estoit pour le compte du pere, & non pour celuy du fils.

Au reste, cette réponse de Marcara est une preuve authentique de ses prévarications ; car enfin soit qu'une partie des neuf mille pagodes fust pour son compte, ou pour celuy de son fils, quel droit avoit-il de donner les deniers de la Quaisse de la Compagnie qui luy avoit esté confiée, à employer à son fils pour son compte particulier. Mesme dans les comptes que Marcara a rendus il a employé une somme de vingt-trois mil quatre cens sept roupies, & une autre somme de trois mil sept cens soixante-cinq roupies données à son fils pour aller negocier à Saint Thomé pour le compte de la Compagnie, mais il n'a point employé la partie des neuf mille pagodes qu'il avoüe luy-mesme qu'il donna à son fils pour negocier pour son compte particulier, & qui pourtant estoit de la Quaisse de la Compagnie.

Il seroit inutile de rapporter toutes les autres preuves qui sont en l'instance, & que l'on peut voir dans la Requeste des Sieurs Directeurs du 29. Decembre 1687. que Marcara a negocié pour son compte particulier, puisque Marcara en convient luy-mesme ; mais il soûtient que ce negoce particulier a esté un des chefs de l'accusation qui a esté jugée au Grand Conseil, & dont il a esté envoyé absous ; & que par consequent on ne peut plus le luy objecter. Marcara fait des efforts extraordinaires pour faire valoir ce moyen qui ne peut estre ny plus foible ny plus ridicule ; car quoy que le Grand Conseil qui n'estoit pas Juge des demandes civiles ait envoyé Marcara absous, il n'a pas privé la Compagnie des défenses legitimes qu'elle a contre les demandes civiles de Marcara. Si le Grand Conseil n'a pas crû qu'il dût condamner Marcara à une peine afflictive pour avoir negocié pour son compte particulier, il ne l'a pas déchargé au moins des peines que les Declarations du Roy & les Reglemens de la Compagnie établissent entre ceux qui negocient pour leur compte. Le Grand Conseil mesme n'auroit pû le faire quand il auroit voulu, puisque les Declarations du Roy & les Reglemens authorisez par des Lettres Patentes ne sont pas de sa competence, &

que bien loin d'y donner atteinte il est obligé d'en ordonner l'execution. Ainsi quoy que dise Marcara estant dans le cas des Declarations & des Reglemens, il doit estre privé de ses gages.

Marcara demande ses appointemens sur le pied de six cens livres le mois, & il se fonde sur le traité qui fut fait le 14. Octobre 1667. avec luy à l'Isle Dauphine. C'est une maxime certaine que tout ce qu'un Procureur ou un Mandataire fait au delà de sa Procuration est nul de plein droit ; & il est aisé de faire voir que ceux qui ont traité avec Marcara le 14. Octobre 1667. n'avoient point le pouvoir de luy accorder six cens livres par mois, & qu'en cela ils ont excedé de beaucoup leur Commission ; ainsi supposé que Marcara aprés avoir negocié pour son compte particulier puisse demander des appointemens, le traité du 14. Octobre 1667. ayant esté fait par des gens sans pouvoir, ce n'est point sur ce Traité que ces appointemens doivent estre reglez.

On a remarqué cy-devant, que Marcara arrivé à l'Isle Dauphine eut l'adresse de mettre dans ses interests le sieur de Montdevergue, sous la promesse ridicule qu'il luy fit de luy acheter à Golconde de gros diamants à vil prix. Le sieur de Montdevergue, qui comme on l'a dit déja, avoit usurpé toute l'authorité dans le Conseil de l'Isle Dauphine, se servit de cette authorité pour avantager un homme dont il attendoit des diamants d'une prodigieuse grosseur & à bon marché. Et parce que tous les emplois dont le Conseil de l'Isle Dauphine pouvoit disposer n'estoient que de douze cens livres d'apointemens par an, il trouva un pretexte specieux de faire accorder à Marcara six cens livres par mois, avec sa nourriture & son logement. Ce pretexte fut de faire promettre à Marcara qu'on luy donneroit une Commission de Conseiller au Conseil de l'Isle Dauphine ; & sur le fondement de cette promesse qui n'a jamais eu d'execution, on promit à Marcara les appointemens d'un Conseiller qui sont de six cens livres par mois. On s'étonnera sans doute que Marcara, qui encore aujourd'huy prend insolemment la qualité de Conseiller au Conseil Souverain de l'Isle Dauphine, n'ait pour titre de sa pretenduë dignité qu'une simple promesse qui n'a jamais eu d'execution, parce qu'elle fut faite par des gens sans pouvoir.

On voit par un des articles du Reglement qui fut arresté à Paris le 17. Novembre 1665. & dont l'execution a esté ordonnée par des Lettres Patentes du 20. du mesme mois, quel estoit le pouvoir des Directeurs de l'Isle Dauphine. Voicy comme parle cét article. *Les Sieurs Directeurs generaux de la Compagnie qui seront sur les lieux feront la distribution des emplois pour executer ce qui aura esté resolu au Conseil Souverain concernant les Manufactures & agriculture de l'Isle, & autres païs concedez, bastimens & radoub des Vaisseaux, & generalement tout ce qui concerne le Commerce de la Compagnie, à ceux des Officiers du Conseil qu'ils trouveront à propos, feront les établissemens des Marchands, Commis, Sous-Commis, Teneurs de Livres, Quaissiers & autres qui seront employez dans les Comptoirs & Factories, tant dans ladite Isle que dans les Indes, & dans tous les païs de la concession.* Il est donc certain suivant les termes de cét article, que le pouvoir des Directeurs de l'Isle Dauphine ne s'étendoit qu'aux emplois concernants les Manufactures & l'agriculture de l'Isle, les Bastimens, le radoub des Vaisseaux & le Commerce, & qu'ils ne pouvoient établir que des Marchands, des Commis, & les autres Officiers semblables specifiez dans l'article. Ils n'ont donc pas pû promettre une Commission de Conseiller, ny étendre jusqu'à la Judicature un pouvoir qui estoit limité à l'agriculture & au negoce.

En effet, par l'article 31. de la Declaration du Roy du mois d'Aoust 1664. verifiée où besoin a esté, il paroist que la Compagnie s'estoit reservé formellement la faculté d'établir des Juges. Les termes de cét article sont remarquables. *Aura ladite Compagnie le pouvoir & faculté d'établir des Iuges pour l'exercice de la Iustice Souveraine & de la Marine dans toute l'étenduë desdits païs, & autres qu'ils soûmettront à nostre obeïssance, & mesme sur tous les François qui s'y habitueront, à la charge toutefois que ladite Compagnie Nous nommera les personnes qu'elle aura choisies pour l'exercice de ladite Iustice Souveraine, lesquelles Nous prêteront le serment de fidelité, rendront la Iustice gratuitement, & seront les Arrests intitulez de nostre nom, à laquelle fin seront expediées des Provisions ou Commissions pour lesdits Iuges, scellées de nostre grand Sceau.* C'en est assez pour montrer que lorsque les Directeurs de l'Isle Dauphine ont promis à Marcara une Commission de Conseiller, ils luy ont promis une Dignité qu'ils ne pouvoient luy accorder, puisque la disposition en appartenoit à la Compagnie, & que leur pouvoir ne s'étendoit qu'aux emplois de l'agriculture & du negoce.

Aussi quelque soit l'insolente opiniatreté de Marcara à soûtenir sa dignité imaginaire, il ne sçauroit faire voir que conformément à l'article de la Declaration dont on vient de parler, il ait jamais esté nommé au Roy, ny par la Compagnie, ny par les Directeurs de l'Isle Dauphine, qu'il luy ait esté scellé des Provisions, ou une Commission, ny qu'il ait presté le serment de Conseiller, il ne sçauroit faire voir qu'il ait jamais esté receu en cette Charge, ny qu'il en ait fait aucune des fonctions. C'eust esté sans doute un spectable assez extraordinaire de voir à l'Isle Dauphine Marcara assis dans le Conseil, & sur les fleurs-de-lys, luy que l'on eust veu assis sur un banc de Gallere, & enchaîné une Rame à la main, si par sa fuite il ne se fust dérobé au chastiment deû à ses crimes.

S'il est vray que les Directeurs de l'Isle Dauphine n'ont point eu le pouvoir de promettre à Marcara une Commission de Conseiller, & qu'en effet cette Commission ne luy ait jamais esté délivrée, il est certain que les mesmes Directeurs n'ont pû luy promettre les appointemens d'un Conseiller de six cens livres par mois; & d'ailleurs quand ils auroient pû luy promettre cette Commission & ces appointemens, la Commission n'ayant point esté délivrée, Marcara n'ayant point esté Conseiller, & n'en ayant point fait de fonctions, il n'en peut pas pretendre aujourd'huy les appointemens.

Il y a plus que tout cela, la Cour ayant esté informée de la conduite entreprenante du sieur de Montdevergue, & qu'au préjudice des interests de la Compagnie il faisoit donner par son authorité à ses creatures tels emplois, telles qualitez & tels appointemens que bon luy sembloit, jusques-là mesme

mesme qu'il promettoit les Offices de Judicature. La Compagnie receut un ordre du Roy de s'assembler extraordinairement pour remedier au plûtost à ces desordres ; elle s'assembla le 28. Mars 1669. & la Deliberation qu'elle fit est d'une extreme importance pour la decision. On y exposa d'abord en termes generaux les entreprises des Directeurs de l'Isle Dauphine, & particulierement *en ce qui regardoit les appointemens exorbitans que l'on avoit donnez à de certaines personnes. Les titres & qualitez données à ces mesmes personnes sans Provisions du Roy, ny nomination de la Compagnie.* Et enfin la Compagnie declare, *qu'elle ne pouvoit approuver aucune de ces choses ainsi faites par le Conseil étably en ladite Isle, & generalement tout ce qui avoit esté arresté par contravention aux Reglemens, Ordonnances & Instructions qu'elle avoit envoyées sur les lieux.* Cette Deliberation fut confirmée par un Arrest du Conseil du premier Avril de la mesme année 1669. qui en ordonna l'execution. On ne peut pas douter que ce qui est contenu dans cette Deliberation n'ait son rapport tout entier à Marcara, & que ce ne soit luy qui ait esté designé par *les appointemens exhorbitans, par les titres & qualitez données à de certaines personnes sans Provisions du Roy, ny nomination de la Compagnie.* Ainsi la Compagnie par sa Deliberation confirmée par un Arrest du Conseil, ayant desapprouvé ce qui avoit esté fait par le Conseil étably à l'Isle Dauphine, comme contraire aux Reglemens, aux Ordonnances & aux Instructions qu'elle avoit envoyées sur les lieux ; & cette Deliberation regardant particulierement Marcara, il ne peut pas tirer avantage du pretendu Traité du 14. Octobre 1677. & l'affaire doit estre considerée aujourd'huy comme si ce Traité n'avoit jamais esté.

Sans donc s'arrester à ce Traité, & supposé qu'aprés tant de prévarications il soit deû des appointemens à Marcara, il faut fixer ces appointemens par rapport aux services qu'il a rendus à la Compagnie. Par le Traité du 14. Octobre 1667. dont Marcara demande l'execution, il paroist qu'il devoit avoir un Collegue qui devoit manger & loger avec luy, & qu'il estoit obligé de travailler de concert avec ce Collegue qui luy estoit égal en tout. Si le sieur Roussel qui fut donné pour Collegue à Marcara, & qui servit toûjours avec beaucoup de zele & de fidelité, n'avoit pourtant que douze cens livres d'appointemens par an, seroit-il juste de donner à Marcara six cens livres par mois ? L'infidelité, la rebellion, les prevarications seront-elles recompensées de six cens livres par mois, lorsque l'integrité, l'obeïssance & toutes les vertus n'auront que douze cens livres par an ?

Toutes les Objections de Marcara se reduisent à dire, *Qu'il fut choisi par la Compagnie elle-mesme assemblée à Paris le treizième Novembre 1666. que l'Acte d'Assemblée du mesme jour porte un pouvoir aux Sieurs de Faye & Caron de luy fixer des appointemens, & de luy donner une qualité & employ tel qu'ils le jugeroient à propos ; qu'outre le pouvoir donné aux Sieurs de Faye & Caron par l'Acte du 13. Novembre 1666. ils avoient encore des Lettres & des ordres particuliers que Marcara leur porta ; que quand ils n'eussent pas eu tout cela, ils eussent pû de leur chef estant Directeurs generaux faire des établissemens comme ils eussent voulu, & que ce qu'ils eussent fait de cette maniere eust engagé toute la Compagnie ; que quand les Sieurs de Faye & Caron auroient excedé leur pouvoir, Marcara a traité avec eux de bonne foy par ordre de la Chambre generale de Paris ; Que la Deliberation du 28. Mars 1669. & l'Arrest du premier Avril ensuivant ne le concernent point, parce qu'il n'y est point dénommé, & que cét Arrest ne casse que ce qui a esté fait & executé par le Conseil de l'Isle Dauphine au prejudice des Reglemens, Ordres & Instructions de la Chambre generale de Paris, & que le Traité fait avec luy,* Marcara, *fut passé en consequence & suivant les Reglemens, Ordres & Instructions de ladite Chambre de Paris.*

On ne rapporte point le pretendu Acte d'Assemblée du 13. Novembre 1666. parce qu'il n'y en a jamais eu, & quand il seroit rapporté il seroit inutile à la decision, puisque quelque ordre que l'on ait pû donner aux Directeurs de l'Isle Dauphine à l'égard de Marcara, cét ordre a toûjours deû estre executé suivant & conformément aux Reglemens generaux, & aux Declarations du Roy. L'on a fait voir cy-devant que par les Reglemens generaux homologuez par des Lettres Patentes, & que par l'article 31. de la Declaration du mois d'Aoust 1664. les Directeurs de l'Isle Dauphine ne pouvoient disposer que des emplois concernans l'agriculture & le negoce, & que la Compagnie s'estoit reservé expressément la disposition des Charges de Judicature. Ainsi quelque ordre qui ait esté donné aux Directeurs de l'Isle Dauphine, tout ce qu'ils pouvoient faire pour Marcara estoit de l'employer dans le negoce ou dans l'agriculture, & de luy promettre les appointemens qui se donnent pour de semblables emplois, & ils ne pouvoient pas luy promettre une Commission de Conseiller, avec les appointemens de cette Charge. Ils ont eu mesme d'autant moins de raison de faire à Marcara des conditions si avantageuses, que par la Lettre qui leur fut écrite l'11. Decembre 1666. & dont on a déja parlé, on les avoit avertis *de prendre avec Marcara toutes les precautions & toutes les mesures que l'on prend avec les Etrangers, celuy-cy mesme n'ayant pas eu en Europe la reputation d'un homme légal & de merite, suivant les avis qu'on en avoit receus depuis son départ.* Aprés un tel avis il est certain que les Directeurs de l'Isle Dauphine ne seroient pas excusables, si la violence qui leur fut faite par le sieur de Montdevergue ne les mettoit à couvert.

On ne doit pas dire que les Sieurs de Faye & Caron estant Directeurs generaux ils ont pû de leur chef faire des Reglemens & des établissemens comme ils ont voulu, & que ce qu'ils ont fait a engagé la Compagnie. Quand les Sieurs de Faye & Caron auroient esté Directeurs generaux, on a fait voir que leur authorité ne s'étendoit qu'aux emplois de l'agriculture, & à quelques emplois du negoce, & par consequent ce qu'ils ont fait au delà n'a pas plus engagé la Compagnie que le Porteur d'une Procuration engage celuy qui la luy a donnée, par ce qu'il fait au delà de sa Procuration.

Il est inutile à Marcara de dire qu'il a traité de bonne foy avec les Directeurs de l'Isle Dauphine ; car comme la bonne foy ne rend pas valable ce que l'on fait avec le Porteur d'une Procuration quand on excede la Procuration ; de mesme quelqu'ait esté la pretenduë bonne foy de Marcara,

Bon

elle ne peut rendre valables des conditions qui ont esté faites par des gens qui n'avoient point le pouvoir de les faire.

Il est vray que Marcara n'est pas nommé dans la Deliberation du 28. Mars 1669. ny dans l'Arrest du premier Avril ensuivant; mais il y est designé par des circonstances si specifiques, qu'elles équipolent à une nomination expresse. Il pretend en vain que l'Arrest du premier Avril ne le regarde point, parce qu'il ne casse que ce qui a esté fait au préjudice des Reglemens & des ordres de la Chambre generale de Paris, & qu'il ne s'est rien fait avec luy que suivant les Reglemens & les ordres de la mesme Chambre; mais on a montré au contraire que tout ce qui a esté fait avec Marcara, a esté fait au préjudice des Reglemens, & au préjudice des Declarations.

Il faut voir maintenant en quel temps ont commencé, & en quel temps ont finy les pretendus appointemens de Marcara. Il soûtient qu'ils ont commencé le 23. Novembre 1666. qu'il s'embarqua à Saint Malo, conformément à un Acte du 13. du mesme mois, par lequel il fut dit qu'il partiroit incessamment, & que ses appointemens commenceroient du jour qu'il s'embarqueroit. On a déja dit que cét Acte du 13. Novembre 1666. n'est point rapporté, & qu'il n'y en a jamais eu. On en rapporte un à la verité de ce mesme jour, qui est une obligation receuë par deux Notaires, par laquelle la Compagnie preste à Marcara quinze cens livres; mais cette obligation ne parle ny des appointemens ny du temps qu'ils doivent commencer.

Marcara reconnût si bien qu'on n'avoit rien arresté à Paris sur le temps que ses appointemens devoient commencer, que par le Traité qui fut fait le 14. Octobre 1667. à l'Isle Dauphine, il fit stipuler formellement que ses appointemens commenceroient du premier du mesme mois. On croira aisément que si le commencement de ces appointemens eust esté fixé au 23. Novembre 1666. par quelque Acte, Marcara n'y eust pas dérogé, & n'eust pas consenty à n'estre payé que du premier Octobre 1667.

Marcara pretend que ses appointemens courent encore aujourd'huy, & c'est sur le fondement de cette extravagante pretention qu'il a infatué le public, & qu'il a bien osé dire à des Personnes de la premiere qualité, que la Compagnie luy doit plus de cent mil écus. On voit assez souvent des valets chassez plaider contre leurs Maistres pour estre payez de leurs appointemens; mais on n'en a jamais veu qui ayent pretendu des appointemens pendant le temps qu'ils ont plaidé. Marcara convient que depuis qu'il n'est plus au service de la Compagnie, il n'a point à la verité travaillé pour elle; mais il soûtient que ce n'est pas sa faute & qu'il n'a pas tenu à luy qu'il n'ait travaillé, mais à la Compagnie qui l'a fait arrester. Il n'y a point de valet chassé qui ne pût en dire autant, & si aprés que l'on a chassé un valet il luy estoit encore deû des appointemens sous pretexte qu'il eust pû servir, & qu'il auroit servy en effet si l'on ne l'eust pas chassé; à peine tous les revenus des personnes les plus riches suffiroient à payer les appointemens de leurs valets chassez.

C'est un usage étably que dés qu'on ne veut plus d'un homme qu'on tient à ses gages & qu'on le renvoye, ses appointemens cessent de courir. Ainsi la Compagnie ayant fait arrester le 21. Septembre 1670. Marcara pour ses malversations, dés ce jour-là il ne luy a plus esté deû d'appointemens. Mesme il ne peut pas les pretendre entierement depuis le premier Octobre 1667. qu'ils ont commencé à courir suivant le Traité du 14. du mesme mois jusqu'au 21. Septembre 1670. qu'il fut arresté. On a remarqué que par une Sentence du Comptoir de Surat du 14. Avril 1668. il fut interdit de ses fonctions & privé de ses appointemens. Il est vray que le sieur de Montdevergue fit infirmer cette Sentence & rétablir les appointemens de Marcara par un Arrest du Conseil de l'Isle Dauphine du septiéme Juillet de la mesme année 1668. mais cét Arrest de l'Isle Dauphine fut cassé par un Arrest du Conseil du premier Avril 1669. qui ordonna l'execution de la Sentence du Comptoir de Surat. Ainsi aux termes de l'Arrest du Conseil, il est certain que l'interdiction & la privation des appointemens prononcées par la Sentence du Comptoir de Surat subsisterent toûjours. Mais parce qu'aprés l'Arrest de l'Isle Dauphine du septiéme Juillet 1668. Marcara rentra dans ses fonctions, on veut bien par grace ne compter cette interdiction & cette privation de gages que pour trois mois moins sept jours, c'est à dire depuis le 14. Avril jour de la Sentence que Marcara cessa de travailler, jusqu'au septiéme Juillet jour de l'Arrest qu'il rentra dans ses fonctions. Voila donc trois mois moins sept jours à déduire du temps que les appointemens ont couru.

Marcara répond que l'Arrest du Conseil du premier Avril 1669. qui cassa celuy de l'Isle Dauphine, ne fut pas rendu pour s'en servir contre luy, mais pour guerir, dit-il, l'esprit du sieur Caron que l'Arrest de l'Isle Dauphine avoit extremement irrité. Il est injurieux au Conseil de pretendre qui s'y rende des Arrests seulement pour guerir les esprits irritez, & pour satisfaire la passion des particuliers, & ce reproche est si dénué de fondement, que quoy que l'on se serve de cét Arrest contre Marcara, & qu'on l'ait produit contre luy, il n'a pourtant jusques icy osé y former d'opposition.

Marcara soûtint encore, *Que son emprisonnement du 21. Septembre 1670. n'est point une revocation qui se puisse soûtenir, ny qui puisse empescher le cours de ses appointemens, parce que c'est une injure & une violence qui luy a esté faite sans cause par des gens sans authorité legitime pour cela, sans aucune forme de Iustice ny de Procedures ; que l'on sçait par une regle generale, dont les preuves sont dans Bacquet en son Traité des Droits de Iustice, chap. 17. nomb. 17. Loüet & son Commentateur, lettr. O, nomb. 1. & 2. que les destitutions d'Officiers faites avec des clauses infamantes sont nulles, comme il a esté jugé par plusieurs Arrests, sur tout quand ils ne sont point coupables.*

Quand Marcara parle de la sorte il suppose qu'il a esté Conseiller, & l'on a fait voir qu'il ne l'a jamais esté. Ce seroit sans doute un étrange embarras si quand on veut ne plus se servir d'un homme qu'on tient à ses gages, il faloit consulter Bacquet, Loüet & son Commentateur, & examiner ce que les Arrests en ont decidé. Marcara ne sçauroit justifier qu'on luy ait fait aucune violence ; car ce n'est point une violence que d'arrester un Coupable à qui à qui l'on veut faire faire le procés. La Declaration du mois d'Aoust 1664. donne pouvoir au Conseil de l'Isle Dauphine d'établir & de commettre des Officiers Subalternes, & par consequent ceux que ce Conseil commit pour arrester Marcara à Massulipatam avoient un caractere & une authorité legitime. Marcara ne peut pas dire non plus qu'il fut arresté sans forme de Justice ny sans procedures, puisque les Commissaires l'interrogerent dés qu'il eut esté arresté, & qu'ils firent une information de six ou sept témoins. Cette procedure est jointe à l'Instance.

Mais il est inutile d'entrer dans ce détail. Comme la Compagnie avoit la liberté de renvoyer Marcara, sans qu'il pust demander que ses appointemens courussent aprés avoir esté renvoyé, il peut encore moins en demander aprés qu'il a esté arresté, puisque son emprisonnement fut une revocation beaucoup plus formelle que n'eust esté un simple congé. Il ne faut pas que Marcara dise qu'à la verité la Compagnie pouvoit le renvoyer & ne se plus servir de luy, mais que l'ayant arresté, elle l'a empesché de s'engager ailleurs ou de travailler pour son compte, & que par consequent elle luy doit des appointemens. Si la Compagnie en arrestant Marcara l'a empesché de s'engager ailleurs ou de travailler pour son compte, cela n'a produit qu'une action en dommages & interests, & lorsque Marcara l'a formée au Grand Conseil on ne luy a adjugé que des dépens pour dommages & interests. Ce qui prouve que la Compagnie eut raison de le faire arrester, & qu'il ne peut par consequent luy objecter aujourd'huy qu'elle l'a empesché de s'engager ailleurs.

Marcara convient que si son emprisonnement avoit esté precedé ou suivy immediatement d'une accusation, il auroit esté une revocation suffisante, mais que n'ayant esté accusé qu'en 1675. ses appointemens en tout cas luy sont deûs jusques en ce temps-là. L'interrogatoire que Marcara subit à Massulipatam le lendemain de son emprisonnement; l'information qui fut faite un jour ou deux aprés & le reste de la procedure qui est jointe à l'instance, justifient clairement que Marcara fut accusé dés qu'il eut esté arrêté. Le Grand Conseil mesme ne luy a fait son procés que sur les chefs sur lesquels il avoit esté interrogé à Massulipatam, & sur lesquels on avoit informé au mesme lieu.

Enfin, si aprés ce qui s'est passé au Grand Conseil Marcara obtenoit encore des appointemens depuis son emprisonnement, il seroit payé deux fois de la mesme chose. En vertu de l'Arrest du Grand Conseil qui luy adjuge des dépens pour tous dommages & interests, il a fait taxer ces dépens, & comprendre dans la taxe un séjour d'une somme si considerable pour chacun jour, que cét article seul monte à prés de vingt mil livres; de sorte que si outre cela Marcara obtenoit encore des appointemens, il se trouveroit que son temps luy seroit payé en deux manieres. Mesme quand il a fait taxer ses dépens au Grand Conseil, & qu'il y a compris son séjour dans la taxe, il a reconnu par là qu'il n'estoit plus au service de la Compagnie.

Seconde demande de Marcara de la ſomme de ſix mil livres, pour les hardes qu'il pretend qu'on luy prit quand il fut arreſté à Maſſulipatam.

MArcara ſoûtient, que lorſqu'il fut arreſté à Maſſulipatam, on luy prit ſans faire d'inventaire *des hardes, meubles, marchandiſes, papiers, or & argent monnoyé, & autres effets.* Et pour cela il s'eſt reſtraint à une ſomme de ſix mil livres dont il a fait la demande.

Il fonde cette demande ſur ces termes qui ſont au commencement du Journal de Martin, & dont il a tronqué une partie, *& enſuite nous fûmes à ſon appartement* (de Marcara) *ſe ſaiſir de ſes hardes & coffres qui furent apportées dans le logis de devant.* Voila ce que rapporte Marcara, mais il ſe donne bien garde d'adjoûter ces mots qui ſuivent, *& l'on travailla à l'inventaire.* Il eſt ſurprenant que Marcara ſoûtienne qu'il ne fut point fait d'inventaire, & que cependant la preuve de cét inventaire ſe trouve immediatement aprés les termes dont il ſe ſert pour établir ſa demande. Il eſt vray que dans les changemens qui ſont arrivez dans la Compagnie, cét inventaire a eſté perdu comme quantité d'autres papiers : mais on y ſupplée par des titres authentiques ; & d'ailleurs quand on rapporteroit l'inventaire, Marcara qui pretend que ceux qui l'arreſterent & qui commencerent à inſtruire ſon procés n'avoient point de caractere ny d'authorité, ne voudroit pas qu'on y adjoûtât foy.

Il eſt certain que Marcara a eſté debouté de cette demande par l'Arreſt du Conſeil du 30. Mars 1680. On voit par les Concluſions civiles qu'il prit au procés & dans toutes les Requeſtes qu'il preſenta au Grand Conſeil, qu'il demandoit de gros dommages & intereſts, & il appuyoit particulierement cette demande ſur la priſe de ſes hardes, de ſes papiers, & de tout ce qu'il ſoûtient aujourd'huy qu'on luy a pris ; d'où il reſulte, ou qu'on l'a debouté de cette demande, ou qu'elle a eſté compriſe dans les dépens que l'Arreſt luy adjugea pour dommages & intereſts. C'eſt en vain que Marcara allègue qu'il n'a point demandé au Grand Conſeil la ſomme de ſix mil livres qu'il demande aujourd'huy ; car quand cela ſeroit vray, il eſt certain qu'il a demandé par forme de dommages & intereſts les meſmes choſes pour leſquelles il ſe reſtraint aujourd'huy à ſix mil livres.

Marcara adjoûte, que non-ſeulement le Grand Conſeil n'a point prononcé ſur la demande qu'il fait aujourd'huy, mais meſme qu'il ne pouvoit pas le faire, parce que c'eſt une demande civile, & que la connoiſſance des demandes civiles avoit eſté interdite au Grand Conſeil. On convient que le Grand Conſeil ne pouvoit pas prononcer ſur les demandes civiles ; mais c'eſt une maxime qui n'eſt point revoquée en doute, que les demandes de dommages & intereſts qui ſe font dans une inſtance criminelle par l'accuſateur & par l'accuſé, ſont un acceſſoire inſéparable de l'inſtance criminelle, dont nul autre ne peut connoiſtre que le Juge qui connoiſt du crime. Or

Marcara ayant demandé au Grand Conseil par forme de dommages & interests, les hardes & les autres choses pour lesquelles il demande aujourd'huy six mil livres ; il est certain que le Grand Conseil a pû prononcer sur cette demande, & qu'il y a prononcé en effet quand il a adjugé les dépens pour dommages & interests.

Dans le fonds, comment Marcara peut-il demander aujourd'huy six mil livres pour ses hardes, & appuyer cette demande sur le Journal de Martin, puisque ce mesme Journal prouve que Marcara avoit tout diverty. Voicy quels sont les termes du Journal, *dans l'inventaire qui fut fait des hardes & coffres du sieur Marcara, nous ne trouvâmes aucuns papiers concernant les affaires de la Compagnie, à l'exception du Livre de Deliberations, ayant déja tout soustrait & enlevé, on luy demanda & à son fils où estoit le Firman du Roy de Golconde, ils firent réponse tous deux qu'il estoit dans le tiroir de sa table, où pourtant il ne se trouva point.* Les preuves qu'on tire d'un Acte ne se divisent point. De sorte que si Marcara se sert du Journal pour prouver qu'on luy saisit ses hardes, il faut que le Journal prouve en mesme temps contre luy, *qu'il ne se trouva rien dans ses coffres, & qu'il avoit tout soustrait & tout enlevé.* D'ailleurs, on verra dans la suite que Marcara avoit en ville une retraite particuliere, & qu'il en est convenu luy-mesme dans son interrogatoire.

Non-seulement le Journal de Martin prouve que Marcara avoit tout détourné, mais la mesme chose est encore prouvée par tous les témoins qui ont esté entendus dans les informations. Les Sieurs Deltor & Codeville déposent, *Que Marcara fit rapporter le Firman, les montres à boëttes d'or, & des papiers qu'il avoit détournez.* Le rapport des papiers, du Firman & des montres est encore prouvé par le Journal de Martin. Le deuxiéme témoin entendu dans l'information faite le 2. Juillet 1677. de l'authorité du Grand Conseil, dit, *Que Marcara fit rapporter le Firman de chez un Armenien où il l'avoit mis.* Le cinquiéme adjoûte, *Qu'on avoit donné avis au sieur Goujon le 20. Septembre que Marcara faisoit enlever ses effets, qu'il ne restoit que peu de hardes dans son appartement...... que plusieurs Maures alloient & venoient jour & nuit dans l'appartement de Marcara....... que lors de sa détention il ne s'estoit trouvé dans son appartement aucuns effets, mais seulement quelques hardes.* Ce mot de *hardes*, est remarquable ; car il montre le peu de valeur de ce qui se trouva dans l'appartement. Le mesme témoin adjoûte, *Que quelques jours aprés son emprisonnement*, de Marcara, *le Gouverneur fit rapporter à la Loge par le fils de Marcara, ou autre Armenien, le Firman du Roy de Golconde, & quatre montres à boëtes d'or qui estoient en ville chez un autre Armenien.* Le septiéme témoin dépose, *Que le bruit commun estoit que Marcara méditoit de s'enfuir, & avoit déja detourné ses effets.* Le huitiéme dit, *Que le sieur Goujon avoit eu avis le 21. Septembre 1670. par un Religieux Espagnol, que Marcara devoit s'en aller le soir ; qu'un Pion serviteur du sieur Dandron avoit aussi averty ledit sieur Goujon que Marcara avoit fait emporter de nuit une grande partie des meubles qui estoient dans son appartement ; qu'estant entré luy témoin par ordre du Conseil dans la Loge de Marcara à* *l'instant de sa detention, on n'y trouva que fort peu de chose, parce que tout avoit esté diverty auparavant ; qu'il n'y avoit autres papiers que le Livre des Deliberations, quinze ou dix-huit pezars,* * *& quelques cuilleres & fourchettes d'argent appartenantes à la Compagnie ; que dans la suite il avoit*, Marcara, *envoyé querir le Firman qu'il avoit sequestré & donné en garde à un Armenien dans la Ville........ Qu'il avoit aussi envoyé querir quatre montres à boëtes d'or émaillées appartenantes à la Compagnie, & quatre differens Memoires qu'il avoit mis entre les mains des Armeniens.*

* C'est une petite monnoye valant un peu moins d'un sol.

En un mot, tous les témoins rapportent unanimement que Marcara avoit tout diverty, & deux circonstances particulieres confirment d'une maniere convainquante les dépositions des témoins. L'une, que Marcara reconnoist luy-mesme dans l'article 33. de l'interrogatoire qu'il subit le 12. Mars 1675. devant Monsieur Turgot, *qu'il avoit esté averty qu'on le devoit arrester*, & l'on presumera facilement que Marcara averty qu'on le devoit arrester, ne manqua pas de mettre à couvert ce qu'il pût y mettre. L'autre circonstance est, que Marcara avoit diverty le Firman du Roy de Golconde, les montres à boëttes d'or, & les Livres de la Compagnie, & s'il divertit ce qui estoit à la Compagnie, à plus forte raison divertit-il ce qui estoit à luy.

Il y a plus que tout cela, afin qu'il y eust quelque vray-semblance à la demande de Marcara, il faudroit au moins qu'il dist, ou qu'il rapportast quelque chose, d'où l'on pût conjecturer que ce qu'il pretend qu'on luy prit valût les six mil livres qu'il demande, non-seulement Marcara ne le fait point, mais au contraire on prouve clairement qu'il est impossible qu'il eût aucune chose au moment qu'il fut arresté.

Marcara pretend que lorsqu'il fut interdit le 14. Avril 1668. par la Sentence du Comptoir de Surat, le sieur Bebert s'estoit rendu adjudicataire de ses meubles, & qu'aprés que l'interdiction eut esté levée il le fit condamner par un Arrest de l'Isle Dauphine du premier Aoust de la mesme année à luy payer une somme de dix-huit cens trente-quatre livres pour le prix de ces meubles. Il est certain que Marcara n'a jamais receu que trois cens livres de cette somme, & il en demande encore aujourd'huy quinze cens livres à la Compagnie sur le fondement d'une saisie qu'il pretend avoir fait faire sur Bebert. Marcara n'ayant jamais esté payé de Bebert, soûtenant qu'il n'a point receu ses appointemens qu'il demande tous entiers, & pretendant enfin n'avoir point fait de negoce pour son compte, où auroit-il pû prendre en deux ans les meubles & les marchandises qu'il soûtient qu'on luy a enlevées, & qu'il fait monter à six mil livres. Mesme comme Marcara ne pouvoit pas negocier pour son compte, il est certain que s'il eust eu des marchandises, il ne les eust point mises dans la Loge, où les Officiers de la Compagnie n'eussent pas manqué de les saisir. Aussi dans tous les interrogatoires que Marcara a subis, dans tant de Requestes qu'il a données au Grand Conseil, & au Conseil du Roy, il n'a point specifié jusques icy en quoy consistoient ces meubles, ces marchandises & ces effets pour lesquels il demande aujourd'huy six mil livres. Il a craint de se méprendre en parlant, & il a crû que le silence luy seroit plus avantageux qu'un détail qui auroit fait connoître la verité.

Il

Il eſt vray que le reproche qu'on a fait à Marcara de n'avoir oſé ſpecifier ce qu'il pretend qu'on luy a pris, l'obligea de declarer au Grand Conſeil que l'or & l'argent qu'il avoit quand il fut arreſté conſiſtoient en cent pagodes * d'or ; mais cette declaration eſt contraire à ce qu'il a dit luy-meſme dans les interrogatoires qu'il a ſubis, & à ce qui a eſté dépoſé par les témoins. Voila quel eſt l'article 37. de l'interrogatoire ſuby devant Monſieur Turgot. *Enquis à qui il a confié les deniers qu'il avoit entre les mains, & s'il n'en a pas envoyé une partie en ſon païs. A dit que les comptes qu'il a rendus juſtifieront l'employ de ſes deniers, & que ſi peu qu'il en avoit, avoit eſté pillé lors de ſa detention.* Ce peu d'argent dont parle Marcara dans cette réponſe, ne peut pas ſans doute eſtre entendu de cent pagodes d'or qui reviennent à cinq cens ſoixante-douze livres de la monnoye de France. Les témoins & particulierement le cinquiéme & le huitiéme dont on a rapporté les dépoſitions, parlent comme Marcara a parlé dans ſon interrogatoire ; car l'un dit, *Qu'il n'y avoit que quinze ou ſeize pezarts dans la Chambre de Marcara.* Et l'autre, *Qu'il ne s'y trouva aucuns effets, mais ſeulement quelques hardes de peu de valeur.* Outre tout cela le ſieur Goujon aſſure dans ſa lettre du 15. Aouſt 1670. que de crainte de rebuter Marcara & de luy donner pretexte de refuſer de venir à Maſſulipatam, il fut obligé de luy preſter deux cens roupies pour acquitter les debtes qu'il avoit faites à Golconde. Voicy comme parle le ſieur Goujon. *Nous voyons par des comptes qu'il a délivrez,* Marcara, *qu'il luy demeure en main environ dix-ſept mil roupies, mais il faudroit verifier ſa dépenſe, & de cet argent qui luy reſte, ny moy ny perſonne ne remarque pas qu'il ait un ſol ; Quand il partit d'icy pour Golconde, il ne le puſt faire ſans prendre cent pagodes en ce Comptoir, & à Golconde il me demanda deux cens tant de roupies pour acquiter ce qu'il devoit, & qu'il ne pouvoit partir ſans cela ; ce que je ne pûs luy refuſer, crainte de luy donner pretexte de ne venir pas, ce qu'il ſembloit chercher.* Ce témoignage eſt d'autant moins ſuſpect qu'il eſt rendu par le ſieur Goujon, c'eſt à dire par la caution de Marcara, & par le meilleur amy qu'il euſt, & qu'il eſt écrit dans une lettre, dont Marcara ſe ſert & qu'il a produite luy-meſme. Si Marcara n'avoit pas pour un ſol d'effets à Golconde, & s'il fut obligé d'emprunter deux cens roupies pour acquitter les debtes qu'il y avoit faites, où avoit-il pris les cent pagodes d'or qu'il pretend qu'on luy oſta quand il fut arreſté à Maſſulipatam, luy qui depuis Golconde juſqu'à Maſſulipatam n'eut Commerce avec qui que ce ſoit, & ne vit perſonne que le ſieur Goujon & les François qui l'accompagnoient ?

* Une pagode d'or vaut cent douze ſols de la monnoye de France.

Enfin, avec quel front Marcara peut-il ſoûtenir aujourd'huy qu'on luy prit cent pagodes d'or, luy qui aprés avoir eſté arreſté declara qu'il n'avoit pas un ſol, c'eſt ce qui eſt juſtifié par deux endroits differens du Journal de Martin. Le premier qui eſt de du Portail qui continua le Journal pendant la bleſſure de Martin, eſt conceu en ces termes. *Monſieur Martin de ce jour a commencé de ſe mieux porter....... il a continué la Commiſſion donnée par Monſieur Goujon touchant l'examen des comptes de Marcara, lequel s'eſt trouvé debiteur ſuivant les comptes qu'il a produits luy-meſme de quatre mil cinq cens vingt-deux livres, sans préjudice de toutes les autres pretentions, il luy a fait faire commandement de payer la susdite somme incessamment, & pour toute responsе, il a dit qu'il n'avoit pas un sol, & que tout se termineroit à Surat.*

L'autre endroit du Journal est d'autant plus considerable, que Marcara y rend la raison de la pauvreté & de l'indigence où il estoit quand il fut arresté à Massulipatam. *Voulant confesser la verité de ce qu'il avoit fait de son argent*, il declara au sieur Thibodeau, *qu'une partie il l'avoit envoyé à sa Mere en Perse; qu'il en avoit beaucoup depensé pour les affaires de la Compagnie, qu'il n'avoit pas voulu mettre en compte, de crainte de faire paroistre trop grande dépense; qu'il avoit donné plus de mille roupies aux Pauvres, avoit envoyé d'autre part de l'argent pour faire rebastir une Eglise ruinée, qu'il avoit envoyé cinq cens roupies en Jerusalem pour les Captifs, & cinq cens autres en Armenie pour payer un certain tribut que les Armeniens doivent au Turc, & qu'ainsi il n'avoit pas un sol, & que Dieu sçavoit tout.* On ne croira pas sans doute que si Marcara eust eu cent pagodes d'or, il eust voulu prendre Dieu à témoin qu'il n'avoit pas un sol. Un mensonge accompagné d'un si horrible parjure eust esté un espece de blaspheme qu'on n'a pas deû attendre d'un homme qui fait rebastir des Eglises ruinées, qui envoye à Jerusalem de l'argent pour les Captifs, & qui acquitte les tributs que les Armeniens doivent au Turc.

Au reste, quand Marcara demande six mil livres pour ce qu'il pretend qu'on luy a pris, il ne prend pas garde qu'il détruit luy-mesme sa demande par les pieces qu'il a produites. Outre son argent & ses effets il soûtient qu'on luy prit encore ses papiers; cependant il en a tant produit en l'Instance & au Grand Conseil, qu'il est impossible de croire qu'il en eust davantage, ny qu'on luy en ait pris aucuns. Si l'on ne luy prit pas ses papiers il falloit qu'il les eust mis à couvert, & s'il les mit à couvert, il ne manqua pas d'y mettre aussi tout le reste.

Marcara qui ne peut pas disconvenir qu'il ne soit prouvé clairement par les informations, & par quantité d'autres pieces produites en l'Instance, qu'il avoit diverty ses effets, répond qu'on ne doit point avoir égard aux dépositions des témoins, parce qu'ils estoient aux gages de la Compagnie, & qu'il est dans le cas où l'on se rapporte à l'affirmation du demandeur.

Il est vray que le Grand Conseil n'a point condamné Marcara, parce que les témoins entendus dans les informations avoient esté aux gages de la Compagnie; mais une preuve qui n'est pas assez forte dans une affaire criminelle où il s'agit de la mort ou d'une autre peine afflictive, l'est assez dans une affaire civile où il ne s'agit que d'une somme de deniers. D'ailleurs, il y a des cas où l'on reçoit les dépositions des Domestiques, parce qu'il seroit impossible d'avoir d'autres preuves. Marcara ayant esté arresté dans la Loge & par les Officiers de la Compagnie, & cette Loge & ces Officiers ayant esté investis par les Maures dés qu'ils sceurent que Marcara avoit esté arresté; il est certain que ces mesmes Officiers & les autres François qui estoient dans la Loge, sont les seuls témoins qui ont pû déposer du divertissement que Marcara avoit fait de ses effets ; les François que Marcara avoit fait assieger dans la Loge n'ayant pas esté en estat d'appeller de dehors d'autres témoins.

Mais il y a plus, la preuve que Marcara avoit mis ses effets à couvert n'est pas seulement rapportée par la déposition des témoins qui en ont parlé, elle est encore écrite dans le Journal de Martin, dans des lettres & dans d'autres pieces qui font d'autant plus de foy contre Marcara, qu'il les a produites & s'en sert luy-mesme.

Marcara ne peut pas pretendre qu'il soit dans le cas où l'on défere l'affirmation au demandeur, puisque cela ne se fait que lorsqu'il n'y a ny preuves ny indices, par où la verité puisse estre connuë. D'ailleurs, afin qu'un demandeur puisse pretendre qu'on se rapporte à son affirmation, il faut que sa probité soit bien établie, qu'il n'ait jamais esté convaincu de mensonge, & que rien ne fasse soupçonner qu'il soit capable de commettre un parjure. La probité de Marcara est-elle bien établie, luy qui a esté convaincu de differens crimes, & condamné à huit ans de Gallere, & un homme qui a bien eu le front de dire au Roy & à toute la Cour qu'il est Gentilhomme, quoy qu'il ne soit que le fils d'un miserable Couratier, passera-t'il pour incapable de dire un mensonge, & de commettre un parjure ? C'est une maxime certaine, que celuy qui ne peut pas estre témoin pour un autre, ne peut pas l'estre pour luy-mesme. Marcara condamné aux Galleres est un homme reproché de droit, & par consequent inhabile à rendre témoignage dans la cause d'un autre ; & ce qu'il ne peut faire pour un autre aura-t'il la liberté de le faire pour luy ? Où seroit la justice, que l'on se rapportast à l'affirmation de Marcara sur le divertissement de ses effets, & que l'on ne crût point ce qu'en disent le sieur Goujon, le sieur Martin, & une infinité d'autres, dont la probité & la regularité de la conduite mettent le témoignage au dessus de toute sorte de soupçon ?

Troisiéme demande de Marcara de la somme de quinze cens livres pour la saisie faite sur Bebert.

ON a remarqué déja que Marcara pretendit qu'aprés son interdiction du 14. Avril 1668. Bebert luy avoit enlevé ses meubles & s'en estoit rendu adjudicataire, & que par un Arrest du Conseil de l'Isle Dauphine du premier Aoust de la mesme année, il l'avoit fait condamner à luy payer dix-huit cens trente-quatre livres pour le prix de ces meubles. Marcara soûtient que le 3. May 1669. il fit saisir entre les mains du sieur Caron ce qui estoit deû à Bebert par la Compagnie jusqu'à la concurrence de quinze cens livres restant deuës de dix-huit cens trente-quatre livres, & que le sieur Caron fit réponse que ce qui estoit deû à Bebert par la Compagnie estoit entre les mains du Courtier. Il soûtient encore que le 13. du mesme mois de May il donna sa Requeste au sieur Caron, & demanda d'estre payé sur quinze cens roupies deuës à Bebert, de quatorze cens soixante-sept livres, faisant partie de dix-huit cens trente-quatre livres ; & que le sieur Caron fit réponse, *que les quinze cens roupies n'estoient pas entre ses mains, mais qu'il les avoit cy-devant fait arrester en celles du Courtier qui n'en avoit encore rendu compte, & que partant, luy Caron ne pouvoit en payer aucune chose, qu'il n'empeschoit neantmoins que Marcara ne fist telle saisie & arrest qu'il aviseroit bon estre pour avoir son remboursement comme il verroit à propos.*

Voila toute la procedure que Marcara pretend avoir faite, & l'on demande à tous les Praticiens du monde, si sur une pareille procedure il peut faire condamner la Compagnie à luy payer quinze cens livres. L'Arrest par lequel Marcara pretend avoir fait condamner Bebert au Conseil de l'Isle Dauphine à luy payer dix-huit cens trente-quatre livres pour le prix des meubles, est par défaut, & sans que Bebert ait esté entendu. D'ailleurs, la pretention de Marcara n'est pas liquide, puisqu'il a demandé quinze cens livres par l'exploit de saisie du 3. May 1669. & que par la Requeste qu'il donna au sieur Caron le 13. du mesme mois, il ne demanda plus que quatorze cens soixante-quatre livres. A cela il faut adjoûter que le sieur Caron entre les mains de qui Marcara pretend avoir fait saisir, n'a point affirmé ny mesme declaré que luy ou la Compagnie dust quelque chose à Bebert. Que si Marcara pretend qu'il y eust quinze cens roupies appartenantes à Bebert entre les mains du Courtier de la Compagnie, il devoit les faire saisir & en faire ordonner la délivrance avec Bebert jusqu'à la concurrence de ce qui luy estoit deû ; mais la raison pour laquelle il ne les fit pas saisir, c'est qu'il paroist par la réponse du sieur Caron qu'elles avoient esté déja saisies à sa requeste ; car il faut remarquer que ces quinze cens roupies que l'on pretend qui estoient entre les mains du Courtier appartenoient à Bebert de son chef, & ne luy estoient pas deuës par la Compagnie.

En un mot, afin que Marcara pût demander à cét égard quelque chose à la Compagnie, il faudroit qu'ayant saisi entre ses mains elle eust affirmé, ou que faute d'avoir affirmé il l'eust fait reputer debitrice. En ce cas il faudroit encore que Bebert fust aujourd'huy en cause, & que Marcara fist ordonner avec luy la délivrance des deniers saisis. Cependant il n'y a rien de tout cela, Bebert n'est point en cause, & l'on ne demande point avec luy la délivrance des deniers, aussi ne le peut-on pas faire ; il faudroit pour cela que la Compagnie eust affirmé, ou que faute d'avoir affirmé elle eust esté reputée debitrice, ce qui n'a point esté fait. Mesme la Compagnie n'a jamais esté poursuivie pour affirmer ; car ny par le pretendu exploit de saisie du 3. May 1669. ny par la Requeste du 13. du mesme mois on n'a point conclû contre le sieur Caron, ny contre la Compagnie qu'ils affirmassent ; & si l'on leur avoit demandé leur affirmation ils auroient declaré, comme ils declarent encore aujourd'huy, qu'ils ne devoient & qu'ils n'avoient jamais rien deû à Bebert. Il est vray que la Compagnie luy payoit des appointemens. Mais l'article 21. de la Declaration du mois d'Aoust 1664. porte en termes formels que les gages des Commis de la Compagnie ne peuvent estre saisis. Voicy comme est conceu cét article. *Les Directeurs des Chambres generale & particuliere, feront écrire sur leurs Livres tous les gages & salaires qu'ils donneront*

donneront à leurs Officiers, Serviteurs, Commis, Ouvriers, Soldats & autres...... & ne pourront les gages de ceux employez par ladite Compagnie estre arrestez pour quelque cause & occasion que ce soit. Ainsi la Compagnie n'ayant jamais rien deû à Bebert, & les gages qu'elle luy payoit n'ayant pû estre saisis, il est certain que la saisie sans assignation pour affirmer que Marcara pretend avoir fait faire entre les mains du sieur Caron, ne peut rien operer en sa faveur. Il ne faut pas que l'on dise que la Compagnie se sert du droit d'un tiers, quand elle dit que les gages de ceux qu'elle employe ne peuvent estre saisis : & qu'il n'y a que ceux à qui les gages appartiennent qui peuvent se servir de ce moyen. Il est certain que les défenses de saisir les gages de ceux qui sont au service de la Compagnie portées par l'article 21. de la Declaration du mois d'Aoust 1664. regardent particulierement la Compagnie, parce que s'il estoit permis d'arrester les appointemens de ceux qu'elle employe, ils se trouveroient, faute de payement de leurs appointemens, dans l'impossibilité de servir ; ce qui causeroit un préjudice irreparable aux affaires de la Compagnie.

Marcara soûtient, que lorsqu'il saisit entre les mains du sieur Caron, la Compagnie devoit à Marcara plusieurs années d'appointemens à Bebert, & que depuis elle a encore receu de Madodas son Courtier quinze cens roupies qui appartenoient à Bebert. Ces deux faits sont également faux. Lors de la pretenduë saisie, la Compagnie ne devoit point d'appointemens à Bebert ; si l'on eût demandé l'affirmation, on l'eût affirmé en ce temps-là comme on l'affirme aujourd'huy ; & d'ailleurs, quand la Compagnie eust deû des appointemens, ils ne pouvoient estre saisis aux termes de la Declaration. Il n'est pas veritable non plus que la Compagnie ait receu de Madodas Courtier quinze cens roupies qui appartenoient à Bebert, & si elle les avoit receuës, elle auroit eu raison de les recevoir, & Madodas Courtier de les luy payer, puisque Marcara n'a jamais fait de saisie entre ses mains.

Marcara avance encore un autre fait extremement faux, que les Directeurs par leur Requeste du 14. Avril 1676. ont offert de compenser la somme de quinze cens livres saisie sur Bebert avec les quinze cens livres, que Marcara doit par l'obligation du 13. Novembre 1666. On ne trouvera point ces offres dans cette Requeste, & voicy comme les Directeurs y parlent. Ils declarent *qu'ils ne doivent rien audit Bebert, & qu'ils auroient droit de retenir ladite somme de quinze cens livres par leurs mains, s'ils luy devoient, pour se payer d'une autre pareille somme, que Marcara leur doit par obligation.* On voit par ces termes quelle est l'imposture de Marcara, qui asseûre effrontement qu'on luy a offert une compensation à laquelle on n'a jamais pensé.

Quatriéme & derniere demande de Marcara de ses dommages & interests, faute de payement de ses appointemens.

ON ne s'arrestera pas à cette derniere demande, parce qu'elle est extraordinaire & ridicule. Marcara pretend qu'il luy est deû des dommages & interests, sous pretexte qu'on ne luy a pas payé les appointemens qui luy sont deûs. On a montré cy-devant à quoy se reduit cette pretention d'appointemens, & qu'il n'en est point deû; & que d'ailleurs, quand il en seroit deû, il faudroit toûjours les compenser jusqu'à concurrence avec les sommes que Marcara doit à la Compagnie : & enfin quand il n'y auroit point de compensation à faire, tout ce que Marcara pourroit pretendre ce seroit qu'on luy adjugeât les interests de la somme à laquelle monteront ces pretendus appointemens, du jour qu'il a demandé ces interests.

Voila à quoy aboutissent ces immenses pretentions que Marcara fait monter à cent mil écus. Voila le fondement de la cruelle persecution, que ce Miserable a fait souffrir depuis si long-temps à l'ancienne Compagnie des Indes, & qu'il fait encore souffrir à la nouvelle, quoy qu'elle soit sous la protection particuliere du Roy. C'est pour faire valoir de telles chimeres, qu'avec une éfronterie sans exemple il appelle les Directeurs, faussaires, impertinens, calomniateurs, & les charge de plus d'injures qu'il n'en faudroit pour noircir tous les Scelerats du monde. Que les bonnes gens qu'il a eu l'addresse de mettre dans ses interests par une sotte prévention, sçachent enfin quel est le personnage, & cessent d'en estre les Duppes. Qu'ils apprennent que celuy qu'ils ont regardé comme un Gentilhomme, d'une maison alliée du Sang Royal d'Armenie, est né dans la bassesse & dans la misere, & le fils d'un Couratier; que celuy qu'ils ont consideré comme un homme de bien opprimé, est un Banqueroutier condamné à Livourne, & qui s'est dérobé par sa fuite à huit années de Gallere, & que celuy enfin à qui ils ont crû que la Compagnie des Indes devoit cent mil écus, doit à cette Compagnie une somme considerable. C'est ce qu'on va faire voir.

DEUXIE'ME PARTIE.

Demandes de la Compagnie des Indes contre Marcara.

LA Compagnie des Indes fait cinq demandes à Marcara.

La premiere est d'une somme de quinze cens livres.

La deuxiéme est d'une somme de trois cens livres pour Marchandises fournies à Marcara à l'Isle Dauphine.

La troisiéme d'une somme de vingt-trois mil sept cens quarante-trois livres dix sols, à laquelle reviennent quinze mil huit cens vingt-neuf roupies seize pesards, sur le pied de trente sols chacune.

La quatriéme de neuf cens pagodes d'or, revenant à cinq mil quarante livres monnoye de France, sur le pied de cinq livres douze sols chacune.

Et la cinquiéme enfin d'une somme de trois mil livres avec les interests de toutes ces sommes, le tout sans préjudice des autres pretentions de la Compagnies.

Ces demandes ne sont pas des chimeres comme celles de Marcara. Elles ont pour fondement des Obligations passées devant Notaires, des arrestez de compte, des Arrests du Conseil, & d'autres titres semblables à qui rien ne peut donner d'atteinte. C'est ce que l'on va voir par le détail.

Premiere demande de la Compagnie de la somme de quinze cens livres.

PAR une obligation receuë par les Notaires au Chastelet de Paris le 13. Novembre 1666. la Compagnie presta à Marcara la somme de quinze cens livres qu'il promit de luy rendre un an aprés aux Indes. Cette somme n'a point esté renduë, on en demande aujourd'huy le payement & des interests; cela ne peut pas recevoir de difficulté.

Deuxiéme demande de la Compagnie de la somme de trois cens livres, pour Marchandises fournies à Marcara à l'Isle Dauphine.

ON a justifié par des comptes & par d'autres titres qui sont produits en l'Instance, qu'il a esté fourny à Marcara à l'Isle Dauphine pour trois cens livres de Marchandises. On luy demande le payement de cette somme, il soûtient qu'il l'a payée, & qu'il en rapporte les quittances; mais ces quittances ne sont point pour les parties dont on luy demande le payement. C'est ce qu'il seroit aisé de verifier, si le détail n'en menoit point trop loin.

Troisiéme demande de la Compagnie de la somme de vingt-trois mil sept cens quarante-trois livres dix sols pour quinze mil huit cens vingt-neuf roupies seize pesars.

ON a remarqué cy-devant que Marcara avoit arresté deux comptes le 22. Septembre 1670. que par le premier qui est un compte de Quaisse il s'estoit trouvé debiteur de dix-huit mil deux cens quarante-six roupies seize pesars, & que par l'autre, qui est un compte du courant, il s'estoit seulement trouvé debiteur, y compris le debet du compte de Quaisse, de quinze mil huit cens vingt-neuf roupies, revenans à vingt-trois mil sept cens quarante-trois livres dix sols de la monnoye de France. C'est cette somme de vingt-trois mil sept cens quarante-trois livres dix sols qu'on luy demande aujourd'huy.

Marcara répond que le compte arresté le 22. Septembre 1670. par lequel il se trouve debiteur de quinze mil huit cens vingt-neuf roupies seize pesars est nul, & qu'on ne doit point y avoir égard, parce qu'on le contraignit par force & par violence de le signer, jusques-là qu'on luy mit des pistolets fur l'estomach. Qu'au mois d'Aoust precedent, & avant qu'il eust esté arresté, il avoit rendu au sieur Goujon un compte general, par lequel il s'estoit seulement trouvé debiteur de quatre mil cinq cens vingt-deux livres. Et qu'enfin le 30. Septembre ensuivant on luy avoit fait signer en prison un autre compte, par lequel, conformément au compte general du mois d'Aoust, il s'estoit trouvé debiteur d'une pareille somme de quatre mil cinq cens vingt-deux livres. Marcara conclut de là qu'il ne doit que cette somme de quatre mil cinq cens vingt-deux livres de reliquat de compte, & il offre de la déduire sur ses appointemens qu'il soûtient n'estre pas employez, ny dans le compte du mois d'Aoust, ny dans celuy du 30. Septembre.

Comme c'est à l'occasion des comptes dont il s'agit, que Marcara porte le mensonge & l'imposture aussi loin qu'ils peuvent aller, on est obligé d'entrer exactement dans le détail de ce qu'il dit, pour en montrer la foiblesse & la fausseté, & l'on peut d'autant moins s'en dispenser, que les pretendus comptes de Marcara du mois d'Aoust, & du 30. Septembre, sont à le bien prendre, le nœud de la contestation.

Il ne suffit pas qu'il dise qu'on l'a contraint par force & par violence à signer le compte du 22. Septembre, il faut qu'il rapporte les preuves de la violence, ou des presomptions si fortes qu'elles puissent tenir lieu de preuves. Il est certain que de tous les témoins qui ont esté entendus, soit à Massulipatam, soit au Grand Conseil, il n'y en a pas un seul qui parle de force & de violence, ny qui rapporte le moindre fait d'où l'on puisse presumer qu'il y en ait eu. Au contraire il est justifié par la déposition des témoins, *Que Marcara se voyant pressé à Golconde par le sieur Goujon qui vouloit le ramener à Massulipatam, il le menaça de le faire arrester par les Naturels du païs, & de le faire mettre aux fers; que le sieur Goujon estant malade on avoit donné Commission au sieur Deltor & au sieur Malfosse de travailler au compte de Marcara; que le Mardy 22. on y fut continuellement appliqué, & qu'ensuite Marcara l'arresta & le signa volontairement.* Marcara mesme dans l'interrogatoire qu'il subit à Massulipatam le mesme jour qu'il arresta son compte, interrogé sur son maniement, répondit, *qu'il avoit signé ce jour là son compte courant & son compte de Quaisse, le tout sauf erreur.* Si la signature de ces comptes eust esté l'effet de la force & de la violence, Marcara sans doute n'eust pas manqué à le declarer, comme il declara qu'il avoit signé, *sauf erreur.* Bien loin de cela, il paroist par l'interrogatoire, qu'à toutes les demandes qui furent faites à Marcara sur l'employ des deniers de la Compagnie, il se rapporta toûjours à ses comptes, comme à des pieces qui le justifioient. Si ces comptes eussent esté signez par force & par violence, Marcara s'en fût-il servy, y eût-il eu recours pour se mettre à couvert des divertissemens dont on l'accusoit? Il y a plus, deux jours aprés le premier interrogatoire, c'est à dire le 4. Septembre, Marcara fut encore interrogé, mais avec beaucoup plus de solemnité que la premiere fois. Il fut conduit dans la principale salle de la Loge, & entendu devant tout le Conseil, & tous les Officiers de la Compagnie. Il parla encore ce jour-là des comptes qu'il avoit arrestez deux jours auparavant, & ne se plaignit, ny de violence,

ny

ny de contrainte. Cependant s'il eust eu à se plaindre d'une contrainte & d'une violence, qu'il ne pouvoit avoir oubliées depuis si peu de temps, il l'eût fait sans doute dans une occasion, où la presence du Conseil, des Officiers & de la Justice l'authorisoient à parler avec liberté. On voit mesme par ses réponses qu'il se servit de cette liberté avec tant d'asseûrance, qu'il n'obmit rien de ce qu'il crût qui luy estoit utile, sans neantmoins se plaindre qu'on l'eût forcé à signer ses comptes.

Depuis la procedure faite le mois de Septembre 1670. à Massulipatam, il s'est presenté une infinité d'occasions où Marcara pouvoit parler de la violence dont il parle aujourd'huy. L'interrogatoire qu'il subit devant Monsieur Turgot, estoit le temps le plus propre qu'il pût desirer pour la mettre dans tout son jour & pour en demander justice. Il n'en fit rien pourtant. Bien loin de cela, par ses réponses sur quantité d'articles il approuva ses comptes comme il avoit fait à Massulipatam, & en parla comme de pieces qui servoient à sa justification. Quand on luy parle de ses emplois & du negoce qu'il a fait aux Indes pour la Compagnie, il répond particulierement sur les articles 35. & 36. *qu'il a rendu ses comptes au sieur Goujon à Massulipatam; que les comptes qu'il a rendus justifieront l'employ & l'usage qu'il a fait des deniers de la Compagnie.* Il n'oublie pas la moindre chose, la moindre circonstance. Cette memoire qui l'a toûjours servy avec tant de fidelité, luy rappelle jusqu'aux faits, ou inutiles, ou peu necessaires. Il dit, *que le peu d'argent qu'il avoit, quand il fut arresté prisonnier, avoit esté pillé, que tous ses papiers & effets luy avoient esté enlevez sans ordre.* Au milieu de tout cela, de force & de violence en signant ses comptes, pas un mot. Mesme avant que les Directeurs de l'ancienne Compagnie sceussent que Marcara eût arresté un compte le 22. Septembre 1670. ils avoient demandé qu'il fût condamné à rendre ce compte. Le langage que tient Marcara dans sa Requeste du 27. May 1676. pour se défendre de la reddition de ce compte, est remarquable. *Quant au grand discours* (ce sont ses termes) *que les Sieurs Directeurs font pour exiger du Suppliant le compte de la somme de deux cens mil livres qu'ils disent avoir reconnu en son interrogatoire avoir receu de la Compagnie, le Suppliant répond, qu'il n'a jamais reconnu en son interrogatoire qu'il eût receu deux cens mil livres de la Compagnie; mais bien qu'il ne se souvient pas precisément de la quantité de l'argent qui luy avoit esté mis entre les mains, & que tant du receu que de l'employ qu'il avoit fait dudit argent de la Compagnie, il avoit dit, comme il dit encore presentement, qu'il en avoit rendu compte à Massulipatam au sieur Goujon Officier de la Compagnie, par les ordres du sieur Caron Directeur general, lesquels comptes ont esté remis par le mesme ordre au sieur Deltor Teneur de Livres de la Compagnie au Comptoir de Massulipatam, dont les Sieurs Directeurs peuvent d'autant moins pretendre cause d'ignorance qu'ils leur ont esté envoyez par le sieur Caron dans le Vaisseau nommé l'Aigle d'or, & le Suppliant leur a encore envoyé ledit compte par la voye d'Angleterre, & encore par le Conseil de Smyrne, auquel le Suppliant le fit tenir par un exprés qu'il envoya par terre.*

Il est certain que Marcara n'eût pas manqué de parler de la violence dont il se plaint aujourd'huy, & que parmy tant de choses qu'il dit de ses comptes, s'il eût esté vray qu'il les eût signez par force, il n'eût pas oublié d'en faire mention, dans une occasion où la chose venoit naturellement & d'elle-mesme. Cependant bien loin de cela, il declare qu'il a fait tenir luy-mesme ces comptes aux Directeurs par la voye d'Angleterre & par celle de Smyrne, où il envoya un homme exprés. Tombera-t'il sous le sens de qui que ce soit qu'on eût laissé entre les mains de Marcara des comptes qu'on luy eût fait signer par violence, ou que les ayant en sa puissance il les eût envoyez aux Directeurs, c'est à dire à ceux à qui le reliquat en estoit deû ?

Marcara dira peut-estre que le compte qu'il envoya, ou plûtost le compte qu'il pretend avoir envoyé (car l'on n'en a point receu de sa part) estoit celuy du mois d'Aoust, ou celuy du 30. Septembre, qu'il dit qu'il signa volontairement l'un & l'autre; mais on verra dans la suite que ces deux comptes sont deux chimeres, & qu'il n'y en eut jamais du mois d'Aoust, ny du 30. Septembre. S'il y en avoit eu un du mois d'Aoust, Marcara qui pretend l'avoir envoyé aux Directeurs & l'avoir eu par consequent entre les mains, en auroit retenu une copie, ou du moins il en sçauroit la date. Cependant bien loin d'en avoir une copie, il ne peut pas dire de quelle date il est. Il n'y en eut pas non plus le 30. Septembre, parce que Marcara dit *qu'il rendit ses comptes au sieur Goujon*, & le sieur Goujon estant mort le 28. Septembre, il est impossible qu'on luy ait rendu un compte le 30.

Ce ne fut que le 9. Février 1677. que par un conseil de Palais & de chicanne, Marcara s'avisa de dire dans l'interrogatoire qu'il subit au Grand Conseil, *qu'on l'avoit fait signer ses comptes par force & le pistolet à la gorge.* Si cette violence avoit esté veritable, Marcara qui pretend qu'elle l'exemptera du payement du reliquat de son compte, auroit-il caché si long-temps un moyen de cette importance, & que le silence & le secret affoiblissoient tous les jours; auroit-il pas fait des protestations dés le mois de Janvier 1675. qu'il fut mis en liberté, ou en tout cas, n'auroit-il pas reclamé, quand il fut interrogé par Monsieur Turgot ? Mesme quand Marcara a parlé de violence il n'en a accompagné le fait d'aucune circonstance qui pût le rendre vray-semblable. Il n'a point declaré qui furent ceux qui commirent cette violence, qui luy mirent le pistolet à la gorge, ny à quelle heure, ny combien ils estoient, si ce fut de nuit ou de jour, il n'a point dit si l'on luy presenta les comptes tout dressez, ou si aprés avoir travaillé avec les Commissaires à les dresser on le contraignit par force à les signer ? Il n'a rien dit enfin ny de tout cela ny d'une infinité d'autres choses, sans lesquelles pourtant on n'a pû luy faire la violence dont il se plaint. Il s'est servy de l'artifice ordinaire des Menteurs, qui pour oster la connoissance d'une fausseté l'exposent toute nuë & sans circonstances, de peur qu'en découvrant que les circonstances sont fausses, on ne connoisse par ce moyen que le reste l'est aussi. Si cette pretenduë violence n'est soustenuë d'aucune preuve, si elle n'est accompagnie ny d'indices ny de circonstances, si on prouve au contraire qu'il ne s'est rien fait à l'égard de Marcara que par les voyes ordinaires de la Justice, qui ne croira pas que cette violence n'est pas plus veri-

B 10

table que la Noblesse de Marcara ? Si le fils d'un malheureux Couratier, si Marcara a bien eu le front de dire au Roy qu'il est Gentilhomme, d'une maison alliée du Sang Royal d'Armenie, & de commettre par le plus éfronté de tous les mensonges une espece de crime de leze Majesté à la veuë de toute la Cour, la violence, dont il parle aujourd'huy, est-elle une invention qu'on ne doive point attendre de sa hardiesse à mentir ? La verité toute nuë, dit un Poëte Grec, a de l'empire & de l'authorité dans la bouche d'un homme de bien; mais elle devient un mensonge dans la bouche d'un fourbe, & l'on ne l'y croit que sur le rapport de témoins dignes de foy. Si Marcara ne prouve par des titres authentiques la violence dont il se plaint, s'il ne produit des témoins qui luy ayent veu les pistolets sur la gorge, cette violence, ces pistolets, & tout ce qu'il dit ne l'exempteront point de payer vingt-trois mil sept cens quarante-trois livres qu'il doit de reliquat de compte.

On va plus loin, si l'on eût contraint par violence Marcara à signer ses comptes, c'eust esté sans doute pour se faire un titre en vertu duquel il fût obligé de payer les vingt-trois mil sept cens quarante-trois livres à quoy monte le reliquat. Marcara convient qu'on luy permit de mettre en signant, *sauf erreur*, il est certain que ces mots, *sauf erreur*, privent la signature de Marcara de l'effet qu'on pouvoit en attendre, puisque Marcara proposant des erreurs, sa signature n'est plus capable de l'obliger à payer le reliquat de vingt-trois mil sept cens quarante-trois livres. Ainsi afin que la violence pût servir à quelque chose, il eût fallu empescher Marcara de mettre, *sauf erreur* en signant, c'est pourtant ce que l'on ne fit point, & ce que l'on pouvoit faire tres-facilement, supposé que l'on employât la violence. Cela montre clairement que Marcara ne fut point contraint par la violence à signer, puisqu'en mesme temps on l'eût empesché par la mesme violence d'adjoûter à sa signature ces deux mots, *sauf erreur*, qui rendent & la violence & la signature inutiles.

Marcara avouë de bonne foy qu'il n'a point de preuves de la violence dont il se plaint, mais il soûtient *qu'il estoit en prison* in vinculis, *entre les mains & à la discretion de ses Ennemis, & que par consequent ce qu'on a exigé de luy le 22. Septembre, & tous les autres jours qu'il a esté en prison, ne peut estre d'aucune consequence.* Il entasse là-dessus latin sur latin, citations sur citations, & tâche de faire valoir cette decision du Jurisconsulte, *qui in carcerem quem detrusit ut aliquid ei extorqueret, quidquid ob hanc causam factum est, nullius momenti est. leg. 2. ff. quod met. cau.* Ce texte & une infinité d'autres semblables que l'on peut lire dans les Digestes, n'ont point d'application à l'affaire, & Marcara fait voir par la Note de Godefroy qu'il rapporte qu'il ne les entend pas. Cette Loy parle d'un homme qui sans titre, sans caractere & de son authorité privée enferme un autre, & le contraint dans cette prison domestique de payer, ou ce qu'il ne doit point, ou plus qu'il ne doit, & le force à signer des Actes qu'il n'auroit pas signez s'il avoit esté libre. C'est ce que dit la Note de Godefroy sur ces mots, *nullius momenti*, rapportée par Marcara, *qui ultra debitæ pecuniæ quantita-*

tem extorsit, vel debitorem in carcerem privatum injuriâ & dolo malo conjecit.

Ce n'est point là l'espece de la contestation. Marcara estoit en prison à la verité, mais il n'estoit point dans une prison privée, & il n'y avoit point esté mis par la violence de gens sans caractere & sans authorité. On a remarqué déja que par l'article 32. de la Declaration du mois d'Aoust 1664. les Officiers établis à l'Isle Dauphine pour la Justice Souveraine, avoient la liberté de commettre des Officiers Subalternes dans les lieux & dans les occasions qu'ils jugeroient à propos. Le sieur Goujon fut commis par le sieur Caron Directeur general, pour obliger Marcara à rendre ses comptes & pour les entendre. Il est justifié en l'Instance que Marcara au lieu d'obeïr au sieur Goujon & de rendre ses comptes, évita de le faire autant qu'il pût ; que cependant il détournoit ses effets ; qu'il avoit de nuit de longues conferences avec les Maures dont il s'asSûroit de la protection, & qu'en un mot, il avoit dessein de s'enfuir, & de se faire Mahometan. La prudence & la politique ne permettoient pas qu'on laissât échapper un homme qui avoit entre les mains des sommes considerables appartenantes à la Compagnie, & qui d'ailleurs pouvoit luy nuire extremement par les intrigues qu'il avoit liées parmy les Maures. Il fut donc arresté, & l'on ne dira pas que ce fut par violence, & par un homme sans caractere, puisque le sieur Goujon avoit esté commis par le Conseil de l'Isle Dauphine qui avoit le pouvoir de le commettre, & que tout ce qui se fait par les voyes ordinaires de la Justice ne passe jamais pour une violence.

Ainsi quand Marcara veut faire passer son emprisonnement pour une violence, & pour l'ouvrage de gens sans caractere & sans authorité, il renouvelle une pretention qu'il a euë déja au Grand Conseil & qui y a esté condamnée par deux Arrests contradictoires, & particulierement par celuy du 30. Mars 1680. Il donna deux Requestes au Grand Conseil, l'une le 22. Aoust 1679. & l'autre le septiéme Février 1680. & demanda que la procedure des Indes fût rejettée *comme nulle & faite par des gens sans pouvoir ;* & enfin se doutant bien qu'on n'auroit point d'égard à cette demande, il donna le 25. Février de la mesme année 1680. une troisiéme Requeste, par laquelle il demanda d'estre receu appellant de cette procedure. Sur cela il y eut un premier Arrest interlocutoire le 19. Mars 1680. qui ordonna, *que Marcara prendroit communication de l'interrogatoire qu'il avoit presté au Comptoir de Massulipatam le 24. Septembre 1670.* Et enfin par l'Arrest diffinitif du 30. Mars Marcara fut debouté de ses trois Requestes. Ainsi l'on a jugé au Grand Conseil non-seulement que la procedure faite à Massulipatam ne devoit point estre rejettée, mais encore qu'elle estoit si reguliere que l'appel n'en estoit pas recevable. Si le Grand Conseil n'a point declaré l'emprisonnement de Marcara injurieux, & s'il n'a point cassé la procedure des Indes, Marcara ne peut pas dire qu'il fut emprisonné violemment & par des gens sans authorité, & il n'a pas plus de sujet de se plaindre du compte qu'il arresta & qu'il signa dans la prison, qu'un homme emprisonné & condamné par corps en auroit de se plaindre du payement qu'il auroit fait pour obtenir sa liberté.

On

On va plus loin. Il eſt de la violence comme de la minorité. Il ne ſuffit pas de dire qu'on eſtoit mineur, pour ſe faire reſtituer contre un Acte; il faut encore que l'on prouve que l'on a eſté lezé par cét Acte, qu'on a acheté vingt mil livres ce qui n'en valoit que douze, ou quinze. Car s'il n'y a point de lezion, & ſi le mineur en paſſant l'Acte n'a fait que ce qu'eût fait un homme âgé & judicieux, il demande en vain d'eſtre reſtitué. De meſme pour faire caſſer un Acte il ne ſuffit pas d'alleguer qu'on a eſté contraint par violence à le ſigner, il faut montrer en meſme temps la lezion & le préjudice qu'on reçoit de cét Acte ſigné par violence. Le reliquat du compte de Marcara ſe monte à quinze mil huit cens vingt-neuf roupies; juſques icy Marcara n'a pû faire voir qu'il doive moins, on luy ſouſtient meſme qu'en repaſſant ſur ſon compte on en éfacera quantité de fauſſes dépenſes, & que par conſequent il ſe trouvera reliquataire d'une plus grande ſomme. De quoy donc ſe plaint-il, luy qui, quand il auroit eſté dans une pleine liberté, n'euſt fait que ce qu'il a fait en priſon?

Marcara ne pouvant pas pretendre la diminution du reliquat de ſon compte, qu'en juſtifiant qu'il a obmis à y employer quelques dépenſes : on l'a preſſé dans les entretiens qu'on a eus avec luy de declarer quelles ſont ces obmiſſions, il a ſoûtenu éfrontement que la raiſon pour laquelle le reliquat du compte du 22. Septembre eſtoit plus fort que le reliquat du compte du mois d'Aouſt precedent, eſtoit que dans le compte du mois d'Aouſt on avoit couché en dépenſe la perte de Saint Thomé, qui n'eſt point couchée dans celuy du mois de Septembre. Marcara avoit envoyé ſon fils à Saint Thomé negocier pour la Compagnie, on a pretendu qu'une partie des marchandiſes que le fils de Marcara avoit achetées furent pillées par le Gouverneur, & que la perte en monte à une ſomme conſiderable. C'eſt cette perte que Marcara pretend n'avoir point eſté employée dans le compte du mois de Septembre, quoy qu'elle l'euſt eſté dans celuy du mois d'Aouſt; mais en cela comme par tout ailleurs il eſt aiſé de convaincre Marcara de menſonge. On luy a alloüé dans le compte du 22. Septembre vingt-trois mil quatre cens ſept roupies quinze peſards en un article, & trois mil ſept cens ſoixante-cinq roupies en quatre articles, qui eſt tout ce qui fut donné à ſon fils pour aller negocier à Saint Thomé. Il eſt certain que ſi l'on paſſe en dépenſe tout ce qui fut donné au fils de Marcara on alloüe en meſme temps la perte des marchandiſes pillées, puis qu'elles avoient eſté achetées de l'argent donné au fils de Marcara, qui eſt tiré & alloüé tout entier en dépenſe.

Aprés avoir répondu à la pretenduë violence, il faut paſſer à une autre ſuppoſition de Marcara, & comme celle-cy, toute extraordinaire qu'elle eſt, ſeroit pourtant la plus utile de toutes ſi elle réüſſiſſoit; c'eſt elle auſſi que Marcara tâche particulierement de faire valoir, & c'eſt pour elle qu'il a eſté chercher *Jullius Clarus*, *Farinacius*, & une infinité d'autres à qui il fait dire des choſes auſquelles ils n'ont jamais penſé.

Marcara pretend qu'au mois d'Aouſt & auparavant qu'il eût eſté mis en priſon, il avoit eſté ſigné & arreſté un compte où ſes appointemens n'eſtoient point employez, & dont le reliquat ne montoit qu'à quatre mil cinq cens vingt-deux livres.

Pour entendre ce qui a servy de fondement à cette fiction, on sçaura que Marcara arrivé à Masulipatam promettoit tous les jours au sieur Goujon de rendre ses comptes. Le sieur Goujon & les autres François persuadez que Marcara à la fin tiendroit sa parole, parloient dans les lettres qu'ils écrivoient au sieur Caron Directeur general, des comptes de Marcara, comme de comptes qui devoient leur estre presentez le lendemain, & qu'ils devoient examiner incessamment. Marcara a ramassé les endroits des lettres où il est parlé de ses comptes, & s'en sert aujourd'huy pour prouver qu'il les rendit effectivement au mois d'Aoust. Quelque crainte que l'on ait de fatiguer par une longue lecture, il faut pourtant entrer dans le détail des moyens de Marcara, il faut le developer, & montrer qu'il n'y eut jamais d'imposture plus grossiere que ce pretendu compte du mois d'Aoust.

On remarquera d'abord que Marcara ne dit point de quel jour du mois d'Aoust est le compte : qu'on ne croye pas qu'il l'ait oublié, il a la memoire trop heureuse pour cela. Si Marcara avoit daté son compte d'un jour certain du mois d'Aoust, il n'auroit pû se servir pour prouver l'existence de ce compte, que de la lettre qui en marque l'examen & l'arresté à ce jour-là, & tout ce qui en marque l'arresté ou l'examen à un autre jour auroit esté inutile ; ainsi, afin que Marcara pût se servir de tout ce qui a esté dit de son compte, pendant le mois d'Aoust, il n'a daté ce compte d'aucun jour certain. Non-seulement l'artifice est grossier, mais on verra dans la suite qu'il ne peut rien operer pour Marcara.

Il est certain que tout ce que rapporte Marcara pour prouver l'existence du compte du mois d'Aoust ne la prouve point, mais quand il la prouveroit cette preuve seroit inutile pour deux raisons invincibles : l'une, que ce seroit une preuve par témoins, qui par l'Ordonnance n'est point admise au delà de cent livres ; & l'autre, que tout ce que rapporte Marcara ne parle que du compte, & ne dit rien du reliquat de quatre mil cinq cens vingt-deux livres. Cependant Marcara doit prouver deux choses ; l'une qu'il y eut un compte signé & arresté au mois d'Aoust ; & l'autre que le reliquat de ce compte n'estoit que de quatre mil cinq cens vingt-deux livres.

Marcara se sert de deux lettres écrites à Masulipatam, l'une le 13. Aoust par le sieur Martin, & l'autre le 15. par le sieur Goujon. La premiere porte, *demain on doit commencer à reconnoistre les marchandises qui ont esté achetées en ce Comptoir, ensuite dequoy on travaillera à son compte*, de Marcara. L'autre dit, *Il me doit donner son compte demain ou Lundy, nous examinerons & ne laisserons rien passer que de juste.*

C'est pecher contre le sens commun, que de vouloir induire des termes de ces deux lettres, qu'il y eut un compte signé & arresté au mois d'Aoust, & que le reliquat en montoit à quatre mil cinq cens vingt-deux livres. Quand Martin a dit qu'on commenceroit demain à reconnoistre les marchandises, & qu'ensuite on travailleroit au compte, quand le sieur Goujon a dit que Marcara devoit donner son compte & qu'il l'examineroit, ils ont parlé l'un

312

& l'autre conformément aux paroles que Marcara leur avoit données; mais cela prouve-t-il que Marcara ait tenu ses paroles, & qu'il ait presenté son compte, comme il avoit promis de le faire, cela prouve-t-il que le compte ait esté arresté, & que le reliquat, dont il n'est pas dit un mot, fust de quatre mil cinq cens vingt-deux livres? Il y a plus, ces lettres portent, l'une qu'on travaillera demain au compte, & l'autre que Marcara doit donner demain ou Lundy son compte; cependant l'une de ces lettres estant du 13. & l'autre du 15. le lendemain de celle-cy estoit le 16. & le lendemain de celle-là le 14. que Marcara s'explique sur cette variation des lettres, à laquelle veut-il qu'on ajoûte foy, le compte fut-il arresté le 14. ou le 16? Tous les Praticiens sçavent qu'afin que les dépositions de plusieurs témoins établissent une preuve entiere & complete, il faut que les témoins parlent de telle maniere de l'action & de ses circonstances, que tout ce qu'ils en disent soit uniforme, & que toutes leurs dépositions se soûtiennent les unes les autres par un rapport mutuel. Ainsi quand de trois témoins, l'un dit que l'action s'est faite le Lundy, l'autre le Dimanche, & le troisiéme le Vendredy, cette variation fait que l'on n'écoute aucun des témoins, & les trois dépositions ne prouvent rien, estant impossible qu'une seule & une mesme action se soit faite en trois jours differens; de sorte qu'une de ces lettres de Marcara mettant le compte au 14. & l'autre au 16. d'Aoust, cette variation seule rend ces lettres incapables de faire de preuve.

Marcara se sert encore de ces mots qui sont dans la lettre de Martin. *On ne peut pas faire fonds sur ce qui reste entre les mains du sieur Marcara, la somme n'estant pas si grande que l'on avoit crû.* Marcara conclud hardiment de cet endroit, que son compte avoit esté arresté & examiné, parce qu'autrement on n'eust pas pû sçavoir que la somme qui luy restoit entre les mains, n'estoit pas si grande qu'on avoit crû, & il asseure que ces termes se rapportent entierement à la somme de quatre mil cinq cens vingt-deux livres, dont il estoit redevable pour le reliquat de son compte.

Mais de quel front Marcara ose-t-il soûtenir que cet endroit de la lettre prouve que son compte avoit esté examiné, & qu'il a du rapport au reliquat de quatre mil cinq cens vingt-deux livres, puisque la mesme lettre dit auparavant, *que demain on doit commencer à reconnoistre les marchandises, & qu'ensuite on travaillera au compte*, & que l'on ajoûte immediatement aprés que Marcara estoit debiteur de dix-sept mil roupies. Le compte n'estoit donc pas examiné, puisque l'on n'y devoit travailler que le lendemain, & il ne se peut pas faire qu'il ne restast que quatre mil cinq cens vingt-deux livres entre les mains de Marcara, puis qu'il estoit debiteur de dix-sept mil roupies: Voicy l'endroit tout entier de la lettre, que Marcara a tronqué, *demain on doit commencer à reconnoistre les marchandises qui ont esté achetées en ce Comptoir, ensuite de quoy on travaillera à son compte; le sieur Deltor nous a dit vous avoir envoyé un compte, par lequel ledit sieur Marcara reste debiteur à la Compagnie de dix-sept mil roupies, sur laquelle somme il pretend prendre ses gages.* Ce compte envoyé par le sieur Deltor, n'est autre qu'un projet du compte de Quaisse qui fut arresté le 22. Septembre, & signé par Marcara.

Non seulement la lettre de Martin parle de Marcara comme d'un debiteur de dix-sept mil roupies, mais la lettre du sieur Goujon, dont se sert Marcara, établit encore cette creance de dix-sept mil roupies. Aprés que le sieur Goujon a dit, *que Marcara luy doit donner demain ou Jeudy son compte, qu'il l'examinera & ne laissera rien passer qui ne soit juste*, il ajoûte incontinent ces mots. *Nous voyons par des comptes qu'il a délivrez* (Marcara) *qu'il luy demeure en main environ dix-sept mille roupies, mais il faudra verifier sa dépense.* Ces comptes que Marcara avoit délivrez, & dont il est parlé en cet endroit, ne pouvoient estre que de simples projets, puis qu'il ne devoit donner son compte que le lendemain. Au reste, ce que le sieur Goujon & Martin disent de la creance de dix-sept mille roupies, n'estoit pas trop éloigné de la verité, puisque par l'évenement du compte de Quaisse, Marcara se trouva debiteur de dix-huit mille deux cens quarante-six roupies.

Il est certain que les deux lettres dont il vient d'estre parlé, ne prouvent point l'existence du pretendu compte de Marcara, ny moins encore que le reliquat de ce compte, ne fust que de quatre mil cinq cens vingt-deux livres. Bien loin de cela, elles prouvent que Marcara devoit dix-sept mille roupies, & les Sieurs Directeurs ont cet avantage, qu'ils trouvent la conviction du mensonge, dans les pieces mesme que l'on employe à le faire passer pour une verité.

Marcara se sert de la déposition de Pocquet du 7. Juillet *environ le mois d'Aoust*, dit ce témoin, *Goujon arriva à Massulipatam par ordre du sieur Caron, & demanda compte audit Marcara, ce qu'il fit, ainsi qu'il croit, parce que luy déposant, qui estoit Caissier, & les autres Commis qui avoient eu du maniment fournirent les états de ce qu'ils avoient eu & dépensé.* Ces paroles ne prouvent rien : car outre qu'elles ne font mention ny de l'arresté ny du reliquat du compte ; Pocquet dit seulement qu'il *croit*, & ne dit rien d'affirmatif. Marcara ajoûte encore ces autres paroles du mesme témoin dans la mesme information, *Marcara fils a rendu compte à son pere & son pere à Goujon.* Cela ne fait point encore de preuve, car Pocquet ayant dit auparavant qu'il *croit*, & n'ayant pas parlé affirmativement, ce qu'il dit icy a sa relation, & ce qu'il a dit auparavant. D'ailleurs il ne parle ny de l'arresté, ny du reliquat du compte, & ce qui fait voir que ce témoin ne pouvoit pas parler affirmativement, c'est qu'il avoüe luy-mesme dans sa déposition que Marcara a tronquée, qu'il ne sçait ce qui se fit de particulier entre Goujon & Marcara ; Voicy les termes entiers de la déposition. *Environ le mois d'Aoust Goujon arriva à Massulipatam, & demanda compte à Marcara, ce qu'il fit ainsi qu'il croit, parce que luy..... ne sçait point neanmoins ce qui se fit de particulier entre Goujon & Marcara, mais seulement qu'environ la fin de Septembre Marcara fut arresté.* On demande à toute la terre si l'on peut jamais induire de ces termes, que Marcara presenta un compte au mois d'Aoust, que ce compte fut clos & arresté, & que le reliquat n'en montoit qu'à quatre mil cinq cens vingt-deux livres?

Marcara s'est encore servy d'un artifice qu'on rapportera icy, non pas pour en montrer la fausseté qui est évidente d'elle-mesme, mais pour achever de donner une idée juste de celuy qui en est l'auteur. Dans le compte

arresté

arresté le 22. Septembre il y a un article tiré pour 1693 roupies 30 pesards, *pour dépenses faites* (dit l'article) *tant à Golconda qu'à Massulipatam depuis le 15. Novembre jusqu'au 25. Février 1670. comme appert par un compte cotté 16.* Marcara qui ne pensoit pas que les Sieurs Directeurs eussent une copie de ce compte coté 16. a soûtenu hardiment que c'estoit le compte qu'il avoit arresté au mois d'Aoust; mais aprés qu'on luy en a eu produit la copie & qu'on luy a fait voir que ce compte n'est qu'une dépense particuliere & de menu; il a abandonné cette pretention & n'a plus parlé de ce compte dans la monstrueuse Requeste qu'il a fait signifier le 12. Juin 1688.

Marcara va plus loin. Il soûtient que les Sieurs Directeurs ont reconnû eux-mesmes qu'il y avoit eu un compte presenté & arresté au mois d'Aoust, dont le reliquat estoit de 4522. livres, & qu'ils ont parlé en ces termes dans leur inventaire de production du 23. Janvier 1681. *Et ledit Marcara qui avoit auparavant presenté ses comptes n'ayant pas un sol vaillant pour répondre du reliquat, il fut arresté le 21 Septembre 1670.* & en ces termes dans leurs contredits du 2. Juin 1682. *aussi lorsqu'il a esté pressé de payer le reliquat de son compte devant & aprés son emprisonnement.* Qu'on lise ce que les Sieurs Directeurs ont dit, on ne trouvera point qu'ils ayent parlé en ces termes. C'est l'ordinaire de Marcara de tronquer, de falsifier & de faire dire aux gens ce qu'ils n'ont jamais songé à dire; d'ailleurs quand on auroit dit *que Marcara avoit auparavant presenté ses comptes*; peut-on induire de là qu'il les eust arrestez, & que le reliquat n'en montoit qu'à 4522. livres, il se peut faire aussi que Marcara, *devant & aprés son emprisonnement ait esté pressé de payer le reliquat de son compte*, sans que ce compte eust esté arresté & le reliquat fixé à 4522. livres. Car comme il paroissoit par l'examen de la recepte & de la dépense qu'il estoit reliquataire; il se peut faire qu'en luy demandant ses comptes on luy ait en mesme temps demandé de l'argent en luy précomptant ses appointemens.

L'on continuë, & l'on dit que les Sieurs Directeurs ont tenu ce langage dans leur Requeste du 3. Aoust 1676. *Lesdites marchandises furent confisquées par le Gouverneur de S. Thomé, partie desquelles ont esté pillées & le surplus reclamé à grands frais, le tout en pure perte pour la Compagnie de plus de 2000. livres*, celuy-cy dans leur Requeste du 10. Juin 1682. *Il a fait par son estat une imputation de la perte de S. Thomé qui n'a point tombé sur luy, mais seulement sur la Compagnie.* Marcara conclud de là qu'il y a eu un compte arresté au mois d'Aoust & qu'il faut que ce compte soit entre les mains des Sieurs Directeurs; puisque sans cela ils ne sçauroient rien de la perte de S. Thomé, le compte qu'ils ont produit n'en faisant point de mention. Rien n'est plus puerile que ce raisonnement ridicule, que Marcara soûtient estre sans replique. Ce qui se passa à S. Thomé ayant esté public dans les Indes, la Compagnie n'a pû l'ignorer, & Marcara ayant couché en dépense dans son compte du 22. Septembre l'argent qu'il donna à son fils pour aller negotier à S. Thomé, & qui fut employé à l'achapt des marchandises pillées, les Sieurs Directeurs ont appris par ce compte, qu'on leur faisoit porter le pillage & la perte des ces marchandises.

Enfin la derniere preuve de l'existence du compte de Marcara, est, dit-il, qu'il a esté interrogé au Grand Conseil sur ses comptes & sur ce qu'il doit à la Compagnie, que par ces interrogations on luy a referé le serment, & qu'ayant répondu qu'il y avoit eu un compte arresté au mois d'Aoust, & qu'il n'estoit debiteur que de quatre mil cinq cens vingt-deux livres, sans y comprendre ses appointemens, sa réponse decide la question, suivant le sentiment de *Julius Clarus*, de *Farinacius* & des autres qui ont traité ces matieres *ex professo*.

On convient qu'il y a des cas où le serment & l'affirmation sont decisifs, mais ces cas ne sont qu'en matiere civile; lorsqu'il n'y a ny titres ny preuves par où la verité puisse estre connuë; & d'ailleurs ce n'est jamais qu'au deffendeur que le serment & l'affirmation sont referez, car on suppose que celuy qui a assez de mauvaise foy pour demander une chose qui ne luy est point deuë, en auroit assez pour affirmer qu'elle luy est deuë, si l'on s'en rapportoit à son affirmation. Il n'en est pas de mesme en matiere criminelle, ou s'il est vray que les réponses d'un Accusé y servent de decision, il faut que tantde Scelerats qui sont morts sur l'échaffaut, & qui avoient répondu qu'ils n'avoient point fait les vols, les meurtres & les autres crimes qui les ont fait condamner, n'eussent pas lû *Iulius Clarus* & les autres qui ont traité de ces matieres, & qu'ils ne sceussent pas qu'en les interrogeant on leur avoit deferé le serment, & que leurs réponses servoient de decision. Ce seroit sans doute une chose bien singuliere, que parce que Marcara quand on l'a interrogé au Grand Conseil, a répondu qu'il ne devoit que quatre mil cinq cens vingt-deux livres à la Compagnie, on ne luy pût aujourd'huy demander que cette somme; car enfin s'il avoit répondu que la Compagnie luy doit cent mil écus, il faudroit par la mesme raison qu'on les luy payât. On dira peut estre que Marcara ayant esté envoyé absous, son absolution est la preuve de la verité de ses réponses: mais on a dit déja qu'une absolution sans dommages & interest est une espece de conviction; & particulierement quand on s'est plaint de cruautez & de violences pareilles, à celles dont Marcara s'estoit plaint. Dans le fonds, de quelque maniere que Marcara ait répondu, & quelque absolution qu'on ait prononcée, on sçait que ce qui a suffi pour exempter de la mort, ou d'une autre peine afflictive ne suffit pas pour exempter de la restitution d'une chose qu'on doit rendre. Tel bien souvent est accusé d'avoir volé, qui sans estre condamné à une peine afflictive, comme un voleur, est condamné à rendre ce qu'il a pris.

Voila à quoy se reduisent les preuves de l'existence du compte de Marcara, & l'on demande à toute la terre si parmy tout cela il y a rien d'où l'on puisse induire qu'il y eut au mois d'Aoust un compte arresté, & dont le reliquat ne montât qu'à quatre mil cinq cens vingt-deux livres. D'ailleurs quand la preuve de ce pretendu compte seroit établie, aussi solidement, qu'elle ne l'est point du tout, ce ne seroit qu'une preuve par témoins, & toutes les Ordonnances rejettent cette sorte de preuve des cas, où il s'agit de plus de cent livres.

On demandera peut-estre d'où vient que n'y ayant rien dans tout ce qui est rapporté par Marcara, qui fasse mention de quatre mil cinq cens vingt-deux livres, Marcara a fixé le reliquat de son compte, plûtost à cette somme, qu'à une autre? La raison qu'il a euë est, que le 30. Septembre, pour sçavoir à quoy montoit ce qui estoit dû par Marcara, déduction faite de toutes ses pretentions, on fit un projet de compte, par lequel ses appointemens déduits qui n'estoient point compris dans le compte du 22. Septembre, on trouvoit qu'il estoit debiteur de cette somme de quatre mil cinq cens vingt-deux livres. Comme le Journal de Martin & quelques témoins parlent de cette somme, Marcara l'a choisie pour estre le reliquat de son compte imaginaire du mois d'Aoust ; & il ne l'a fait sans dessein : parce que ses appointemens n'avoient point esté compris dans le compte du 22. Septembre, il a crû que l'on presumeroit qu'ils ne l'avoient pas esté non plus dans celuy du mois d'Aoust, & qu'ainsi s'il devoit quatre mil cinq cens vingt-deux livres, ses appointemens luy restoient dûs.

Quand Marcara avance qu'il y eut au mois d'Aoust un compte arresté, dont le reliquat montoit à quatre mil cinq cens vingt-deux livres, c'est à luy à en rapporter la preuve, il ne le fait point, & cela devroit suffire aux Sieurs Directeurs ; cependant pour mettre la verité dans un jour où l'imposture ne puisse l'obscurcir, les Directeurs prouvent eux-mesmes qu'il n'y a jamais eu de compte arresté le mois d'Aoust. Outre ce qui en a esté dit par les témoins entendus dans les informations, qu'il seroit inutile & ennuyeux de rapporter, on employe ce qui est porté en deux endroits differens du Journal de Martin. Ce Journal commence par ces termes : *Sur les onze heures du matin le sieur Goujon me fit appeller..... il me dit qu'il avoit enfin resolu de faire arrester le sieur Marcara, qu'il voyoit qu'il n'y avoit aucune seureté aux paroles de cét homme, qu'il ne pouvoit tirer de compte de luy, & qu'il estoit à craindre qu'il ne quittât.* Cela se passa le 21. Septembre. Si le 21. Septembre le sieur Goujon se plaignit *qu'il ne pouvoit tirer de compte de Marcara*, on ne croira pas qu'il y en eût eu un rendu & arresté au mois d'Aoust, & le sieur Goujon eust esté le plus injuste de tous les hommes de faire arrester Marcara, faute d'avoir rendu un compte, qu'il avoit déja rendu. L'autre endroit du Journal est du lendemain 22. Septembre, & il dit, *Monsieur Goujon commença dés le matin à travailler aux affaires du sieur Marcara, il luy fit faire diverses demandes..... Et ensuite on se mit à examiner ses comptes.* Si l'on commença le 22. Septembre à examiner les comptes de Marcara, comme on le fit en effet, sans doute qu'ils ne l'avoient pas esté le mois d'Aoust, & s'ils n'avoient pas esté examinez le mois d'Aoust, comment pouvoient-ils avoir esté arrestez, & le reliquat s'en monter à quatre mil cinq cens vingt-deux livres ?

Mais c'en est trop, & l'on est entré inutilement dans tout ce détail. Qu'il y ait eu, ou qu'il n'y ait pas eu de compte arresté au mois d'Aoust, cela ne fait rien pour la decision. Quand Marcara produiroit aujourd'huy ce compte en bonne forme avec un reliquat liquide & certain, dés qu'on luy soûtiendroit qu'il y auroit des erreurs & des obmissions, il faudroit en venir à un compte nouveau. C'est une maxime certaine, que le temps, que la prescription, que rien au monde ne couvre un erreur de compte. Ainsi dés que l'on montre que Marcara doit plus de quatre mil cinq cens vingt-deux livres, & que c'est par erreur & par obmission qu'il ne fait monter qu'à cette somme le reliquat de son pretendu compte, il faut qu'il en passe par la regle ordinaire, & qu'il compte de nouveau.

Enfin Marcara pretend qu'on luy fit encore ſigner le 30. Septembre un troiſiéme compte, dont le reliquat montoit à la meſme ſomme de quatre mil cinq cens vingt-deux livres; mais il y a tant d'abſurditez dans cette pretention, qu'elle eſt autant oppoſée au ſens commun, qu'à la verité. Marcara ſoûtient qu'on le força par violence & le piſtolet à la gorge de ſigner le compte du 22. Septembre, dont le reliquat eſt de vingt-trois mil ſept cens quarante-trois livres. Qui croira que l'on ait abandonné le fruit de cette violence, que l'on ait renoncé à ce compte & à ſon reliquat pour en faire ſigner un, dont le reliquat n'eſt que de quatre mil cinq cens vingt-deux livres. Il y a plus, il eſtoit ſans doute de l'intereſt de Marcara de ſigner un compte, dont le reliquat n'eſtoit que de quatre mil cinq cens vingt-deux livres, aprés avoir eſté forcé à en ſigner un, dont le reliquat eſtoit de vingt-trois mil ſept cens quarante-trois livres; & Marcara convient luy-meſme qu'il doit quatre mil cinq cens vingt-deux livres, cependant il ſoûtient qu'on luy fit de la violence, & que ce fut encore par contrainte qu'il ſigna ce dernier compte. Rien fut-il jamais plus éloigné de la vray-ſemblance?

Pour entendre ce qui a ſervy de fondement & à cette pretention, & aux moyens que Marcara employe pour la ſoûtenir. On ſçaura qu'aprés la mort du ſieur Goujon, qui arriva le 28. Septembre, le ſieur Martin qui luy succeda, voulut rendre au ſieur Caron Directeur general un compte exact des affaires du Comptoir de Maſſulipatam. La plus fâcheuſe de toutes, & dont pourtant le ſieur Caron demandoit un éclairciſſement particulier, eſtoit le compte de Marcara; & le ſieur Goujon en mourant avoit dit plus d'une fois, comme il eſt juſtifié par les informations, *qu'il n'avoit pû rien voir aux comptes de Marcara, qu'ils eſtoient informes, inintelligibles & embroüillez*. Le ſieur Goujon avoit parlé de la ſorte, parce que Marcara en ſignant le compte du 22. Septembre, avoit mis, *ſauf erreur*, & que ce compte par conſequent n'avoit rien de liquide ny de certain, eſtant toûjours à la liberté de Marcara d'y donner atteinte, en propoſant des erreurs veritables ou fauſſes. D'ailleurs Marcara n'avoit compris dans ce compte ny ſes appointemens ny d'autres ſommes qu'il devoit à la Compagnie, & y avoit couché en dépenſe des ſommes, dont le ſieur Goujon & perſonne ne connoiſſoit l'employ. Meſme le ſieur Goujon le 27. Septembre, c'eſt à dire le jour qui preceda ſa mort, voulant ſçavoir enfin, s'il y avoit quelques erreurs dans les comptes de Marcara, donna une Commiſſion aux Sieurs Deltor, Malfoſſe, & à deux autres pour examiner ces comptes. C'eſt ce que dit le Journal de Martin le 27. Septembre. *Monſieur Goujon a adreſſé une Commiſſion aux Sieurs Deltor, Malfoſſe, la Rayrie & du Portail, pour proceder à l'examen des comptes de Marcara.* Le meſme Journal prouve encore que cette meſme Commiſſion fut continuée aprés la mort du ſieur Goujon.

Le ſieur Martin ayant donc fait examiner & ayant examiné luy-meſme les pretentions de la Compagnie contre Marcara & celles de Marcara contre la Compagnie, il fit un projet de compte où il employa vingt-trois mil ſept cens quarante-trois livres, que Marcara devoit pour le reliquat du compte du 22. Septembre, quinze cens livres que la Compagnie luy avoit preſtées par l'obligation

gation du 13. Novembre 1666. & d'autres sommes pour des hardes qui luy avoient esté fournies au Fort Dauphin, sur tout cela déduction faite de vingt & un mil livres qu'il pretendoit pour trois années de ses appointemens, il estoit debiteur de quatre mil cinq cens vingt-deux livres. Ce projet de compte fait à Massulipatam ne fut arresté ny signé de personne, & il est aujourd'huy entre les mains des Sieurs Directeurs. C'est sur ce fondement que Martin a parlé dans son Journal de quatre mil cinq cens vingt-deux livres deuës par Marcara, & que les témoins entendus dans les informations, ont dit qu'il devoit cette somme. Marcara dit éfrontement que les Directeurs conviennent qu'ils ont entre leurs mains le compte signé le 30. Septembre. C'est un fait, dont il est faux qu'ils soient jamais convenus, ils n'ont que le projet du compte qui ne fut jamais signé ny arresté, & ils le produiront. Cela présuposé, il est aisé de répondre aux moyens de Marcara.

Marcara employe d'abord ces paroles du Journal qu'on a raportées cy-devant, & qui sont du 27. Sept. *Monsieur Goujon a dressé une Commission aux Sieurs Deltor & Malfosse, la Rayrie, du Portail, pour proceder à l'examen des Comptes de Marcara.* On ne peut pas induire de là qu'il y eust un compte arresté le 30. Septembre, dont le reliquat estoit de quatre mil cinq cens vingt-deux livres; car Martin ne pouvoit pas sçavoir le 27. Septembre, qu'il fit mention sur son Journal de cette Commission, ce qui se feroit le 30. du mesme mois. D'ailleurs la Commission n'estant que pour l'examen des comptes, cela prouve assez qu'ils n'estoient pas encore examinez, ny par consequent arrestez. On a remarqué cy-devant que ce qui obligea le sieur Goujon à donner cette Commission, ce fut que Marcara n'ayant arresté ses comptes le 22. Septembre qu'avec les mots, *sauf erreur*, le sieur Goujon vouloit sçavoir si en effet il y avoit quelques erreurs. Mais c'est en vain qu'on entre dans ce détail, car les Sieurs Directeurs conviennent que Marcara leur devoit alors quatre mil cinq cens vingt-deux livres, ses appointemens déduits & précomptez. Si Marcara veut soûtenir, comme il soûtient en effet, que ses appointemens n'estoient déduits ny précomptez, il faut venir à un nouveau compte.

Marcara se sert encore de cet autre endroit du Journal, qui est du 30. Septembre : & voicy comme il le rapporte. *Il a esté continué à la Commission donnée par Monsieur Goujon, touchant l'examen des comptes de Marcara, lequel a esté trouvé debiteur, suivant ses comptes qu'il a produits luy-mesme d'une somme de quatre mil cinq cens vingt-deux livres.* Marcara triomphe & crie victoire à cet endroit du Journal. Cependant il doit estre entendu comme le precedent; c'est à dire que Marcara se trouva debiteur de quatre mil cinq cens vingt-deux livres, déduction faite de ses appointemens. Cela est tellement veritable, que la preuve en est rapportée au mesme endroit, & Marcara par une perfidie sans exemple, l'a tronqué pour surprendre ses Juges, & pour imposer au public par des termes specieux, dont il cache l'explication qui est dans la suite; il faut donc rapporter l'endroit du Journal tout entier, il est du 30. Septembre. *Monsieur Martin a commencé de ce jour à se mieux porter, il a fait vendre les hardes du sieur Formentin, il a continué la Commission donnée par Monsieur Goujon, touchant l'examen des comptes de Marcara, lequel s'est trouvé debiteur, suivant ses comptes qu'il a produits luy-mesme de quatre mil cinq cens vingt-deux livres, sans préjudice de toutes les autres pretentions. Il luy a fait faire commandement de payer ladite somme incessamment, & pour toute réponse, il a dit qu'il n'avoit pas un sol, & que tout se termineroit à Surat, où il iroit aprés avoir achevé quelques affaires qu'il avoit en ce Païs, qu'il avoit dépensé cettedite somme pour les affaires de la Compagnie, & encore ses gages & appointemens montans à vingt & un mil livres, & beaucoup d'argent d'ailleurs, montant à neuf mil roupies, qu'il avoit à luy appartenant & à son frere, que de tant d'argent qu'il avoit consommé pour le bien de la Compagnie, il n'en avoit jamais voulu mettre rien en compte, & qu'il n'en auroit jamais voulu parler, s'il ne s'estoit vû reduit à l'extremité où il estoit. La nuit luy fut donnée pour songer à chercher les moyens de payer ladite somme de quatre mil cinq cens vingt-deux livres, & qu'on remettoit au lendemain à parler plus amplement de ses affaires.*

Il y a là dedans deux choses, qui prouvent invinciblement que les appointemens de Marcara ne luy estoient point dûs. L'une, que Marcara avoüe luy-mesme qu'il les avoit dépensez au service de la Compagnie; car s'ils luy eussent esté dûs, il n'eust pas esté vray qu'il les eust dépensez. L'autre, qu'il fut fait un commandement à Marcara de payer la somme de quatre mil cinq cens vingt deux livres. Si l'on luy eust dû les appointemens qu'il fait monter à 21000 livres, on n'eût pas pû luy demander les 4522 livres qu'il devoit, & il eust falu les compenser jusqu'à concurrence avec les vingt & un mil livres. L'original du commandement qui fut fait à Marcara de payer les quatre mil cinq cens vingt-deux livres a esté long-temps entre les mains des Sieurs Directeurs, & il n'a esté perdu que depuis l'Instance commencée.

Au reste, quand le Journal dit que *Marcara s'est trouvé debiteur suivant ses comptes qu'il a produits luy-mesme de quatre mil cinq cens vingt-deux livres, sans préjudice de toutes les autres pretentions.* C'est parce que Marcara demandoit luy-mesme que les appointemens qu'il pretendoit luy estre dûs, fussent compensez avec ce qu'il devoit, & qu'il faisoit son compte sur ce pied-là; mais parce que l'on soûtenoit au contraire, qu'il ne luy estoit point dû d'appointemens, le Journal ajoûte *sans préjudice de toutes les autres pretentions.* Termes qui ne regardent que la Compagnie, quoy que Marcara se les approprie, & dise qu'ils n'ont esté écrits que pour luy.

Outre les deux endroits du Journal, dont il vient d'estre parlé, Marcara se sert encore de la déposition de Germain, & de celle de quelques autres témoins qui ont dit que *Marcara s'estoit trouvé debiteur de quatre mil cinq cens vingt-deux livres.* Les dépositions de ces témoins, & tout ce qui dit la mesme chose, se doit entendre déduction faite des appointemens de Marcara, & il ne rapporte rien qui justifie qu'il dust quatre mil cinq cens vingt-deux livres, sans que ses appointemens eussent esté déduits & précomptez.

Mais enfin, on ne peut pas se servir d'une meilleure preuve, pour montrer qu'il n'y eut point de compte arresté le 30. Septembre, que celle que Marcara fournit luy-mesme dans sa Requeste du 27. May 1676. dont on a cy-devant rapporté les termes. Il dit dans cette Requeste, *qu'il avoit rendu son compte à Maſſulipatam au ſieur Goujon, par les ordres du ſieur Caron*, & le ſieur Goujon eſtant mort le 28. Septembre, il eſt impoſſible que le 30. on luy ait rendu un compte.

On void par là que Marcara ne prouve pas mieux ce qu'il avance ſur le compte du 30. Septembre que ce qu'il a avancé ſur celuy du mois d'Aouſt precedent, & quand ce qu'il dit du pretendu compte du mois de Septembre pourroit faire quelque preuve, ce ne ſeroit en tout cas qu'une preuve par témoins, qui ne ſeroit pas admiſſible pour un reliquat de compte qui monte à plus de cent livres.

Au reſte l'endroit du Journal, où Marcara avoüe luy-meſme qu'il avoit dépenſé ſes appointemens au ſervice de la Compagnie, eſt confirmé par d'autres pieces qui prouvent que Marcara euſt toûjours intention de déduire & de précompter ſes appointemens ſur ce qu'il devoit, & qu'il les précompta & déduiſit en effet. Cela paroiſt par une lettre que le ſieur Goujon écrivit le 13. Juillet 1670. de Golconde au ſieur Caron. *Je ne doute point* (dit la lettre) *que la Cargaiſon de S. Thomé ne ſoit à preſent à Maſſulipatam, Monſieur Marcara m'a dit avoir ſeulement retenu en ſes mains ſes gages & qu'il comptera de tout le reſte.* Depuis cette lettre le ſieur Goujon receut un ordre du ſieur Caron de faire rendre à Marcara de l'argent qu'il avoit entre les mains. Voicy les termes de la lettre du ſieur Caron qui contient cét ordre, elle eſt du 18. Aouſt 1670. & écrite à Surat. *Nous attendons avec impatience de vos nouvelles, touchant les affaires du ſieur Marcara, il vous plaira de luy faire rendre l'argent qu'il a pris à la Compagnie, & l'employer à l'entretien du Comptoir, & au rétabliſſement de la Fluſte la Couronne, ſans aucune raiſon ny ſimulation que ſe puiſſe eſtre. La Compagnie & tous ſes ſerviteurs ſeront en la derniere neceſſité, & un méchant Armenien tirera en ſa bourſe leur bien, duquel il faut qu'ils vivent, en quel lieu du monde ſouffrira-t-on cela? Auſſi je ne croiray jamais que vous le ſouffriez.* En execution de cét ordre, il eſt certain que le ſieur Goujon, qui d'ailleurs eſtoit la caution de Marcara, mit tout en uſage pour obliger Marcara à rendre ce qu'il avoit, & l'on ne preſumera jamais que Marcara qui eſtoit preſſé, & qui avoüe en tant d'endroits qu'il n'avoit point d'argent, ait manqué à précompter ſes appointemens ſur ce qu'on luy demandoit. Auſſi la lettre du ſieur Martin, que Marcara produit luy-meſme, marque encore que l'intention de Marcara eſtoit de précompter ſes appointemens ſur dix-ſept mil roupies qu'il devoit. Voicy comme parle le ſieur Martin. *Le ſieur Deltor nous a dit vous avoir envoyé un compte, par lequel ledit ſieur Marcara reſte debiteur de dix-ſept mil roupies à la Compagnie, ſur laquelle ſomme il pretend prendre ſes gages.* Que l'on adjoûte cela & tout le reſte, à l'endroit du Journal ou Marcara dit qu'il avoit dépenſé ſes gages & ſes appointemens au ſervice de la Compagnie, & l'on en trouvera plus qu'il n'en faut pour eſtre convaincu, que ſi Marcara n'eſt reſté debiteur que de quatre mil cinq cens vingt-deux livres, ſes appointemens avoient eſté précomptez.

C'eſt donc inutilement que Marcara appelle à ſon ſecours les comptes imaginaires du mois d'Aouſt & du 30. Septembre, pour s'empeſcher de payer vingt-trois mil ſept cens quarante-trois livres qu'il doit pour le reliquat de celuy du 22. Septembre qui eſt veritable & effectif. Mais il y a bien plus que tout cela. La verité dit un ancien eſt ſemblable au feu, en vain on le cache, en vain on tâche de l'enfermer, il rompt les obſtacles qu'on luy oppoſe, & il échappe à la fin. Quelque peine qu'on prenne à enſevelir la verité de quelques impoſtures, de quelques fauſſetez qu'on l'accable, toſt ou tard elle ſe produit par quelque endroit. Marcara a parlé de violence, de comptes & d'une infinité d'autres choſes qu'on a veuës, cependant au milieu de tout cela par un acte qu'il a fait ſignifier le 9. Février 1677. il declare *qu'il conſent que traittant les choſes de bonne foy & comme elles ſe ſont paſſées dans la verité*....... Il n'y a donc point eu de violence, les comptes du mois d'Aouſt & du 30. Septembre, & tout le reſte ne ſont donc pas veritables, puiſque Marcara *conſent qu'on traitte les choſes de bonne foy, & comme elles ſe ſont paſſées dans la verité.*

Aprés tout ce qui a eſté dit, la Compagnie ſoûtenant que Marcara luy doit vingt-trois mil ſept cent quarante-trois livres pour le reliquat du compte du 22. Septembre, & Marcara de ſon coſté pretendant qu'il ne doit que quatre mil cinq cens vingt-deux livres, & que ſes appointemens luy ſont encore dûs. Il eſt d'une neceſſité abſoluë que Marcara articule les parties omiſes dans le compte du 22. Septembre, & qui ont fait monter le debet à vingt-trois mil ſept cent quarante trois livres, qui ſelon Marcara ne doit eſtre que de quatre mil cinq cens vingt-deux livres. Il eſt d'autant plus obligé à le faire, qu'il n'a ſigné ce compte qu'avec ces mots, *ſauf erreur*, & c'eſt en articulant les parties obmiſes, qu'il juſtifiera qu'il y a eu de l'erreur. Rien n'eſt plus facile que de montrer cettte obmiſſion s'il y en a, & ſi Marcara avoit voulu y entendre, il y auroit long-temps que les Parties ſeroient en paix. C'eſt meſme par ce moyen ſeul qu'il peut ſoûtenir tant d'injures attroces, dont il a tâché de noircir l'honneur & la reputation de la Compagnie. Il accuſe les Directeurs de luy avoir fait mettre le piſtolet à la gorge pour l'obliger à ſigner un compte, de luy voler & de luy retenir injuſtement ſes effets, & de luy faire ſouffrir depuis 18. ans, la plus cruelle de toutes les perſecutions. Cette violence, ce vol, cette perſecution, tout cela ne peut eſtre juſtifié qu'en articulant ces prétenduës obmiſſions. Cependant quoyque l'on ait pû dire, quoy que l'on ait pû faire juſques icy, il n'a pas eſté poſſible d'obliger Marcara à les articuler.

Le pretexte dont ſe ſert Marcara pour ne point articuler ces obmiſſions, eſt de dire qu'on luy prit ſes papiers quand il fut arreſté à Maſſulipatam; mais à cela on luy répond deux choſes; l'une, qu'on ne luy prit aucuns papiers quand il fut arreſté; & l'autre, qu'il n'a point beſoin de papiers pour articuler les obmiſſions qu'on luy demande.

Marcara qui prevoit bien que toutes ſes impoſtures échoüeront contre les pretenduës obmiſſions du compte s'il eſt contraint de les declarer, met tout en uſage pour s'en défendre, & pour faire voir qu'on luy a pris ſes papiers. Il ſe ſert pour cela de cét endroit du Journal dont on a parlé.... *Et enſuite nous fûmes à ſon appartement ſe ſaiſir de ſes hardes & coffres qui furent*

317

furent apportez dans le logis de devant. Mais on a montré que cela ne prouve rien, puisque le mesme Journal dit incontinent aprés *dans l'inventaire qui fut fait des hardes & coffres du sieur Marcara, nous ne trouvâmes aucuns papiers, à l'exception du Livre de Deliberations, ayant déja tout soustrait & enlevé.* On ne divisera pas sans doute les preuves qui sont dans ce Journal, & si l'on veut y adjoûter foy quand il dit que les hardes & coffres de Marcara furent saisis, il faut en mesme temps qu'on y adjoûte foy, quand il dit que dans l'inventaire qui fut fait de ces hardes & de ces coffres, il ne se trouva aucuns papiers, Marcara ayant déja tout soustrait & tout enlevé.

Le Journal mesme, doit estre d'autant moins suspect, que Marcara en quantité d'endroits de son interrogatoire a parlé, comme parle ce Journal. Aprés que le Journal a dit qu'il ne se trouva point de papiers, & que Marcara avoit tout enlevé, il adjoûte, *On luy demanda, à Marcara, & à son fils, où estoit le Firman du Roy de Golconde, ils firent réponse tous deux, qu'il estoit dans le tiroir de sa table.* Marcara dit la mesme chose dans l'interrogatoire qu'il subit aprés avoir esté arresté; on luy demanda pourquoy il avoit détourné le Firman, & il répondit, *qu'il se trouveroit dans le tiroir de la table de sa chambre.* Il dit la mesme chose dans l'interrogatoire du Grand Conseil, article 235. & soûtint, *qu'à l'instant de sa détention le Firman estoit dans le tiroir de sa table.* On voit par cét exemple, & par quantité d'autres qu'on pourroit rapporter, que le Journal ne dit presque rien dont Marcara ne soit convenu luy-mesme.

Non-seulement le Journal prouve que Marcara avoit détourné ses papiers, mais cela est encore prouvé par les dépositions de tous les témoins qui ont esté entendus. Le cinquiéme témoin dit, *qu'à l'instant que Marcara fut arresté on s'estoit transporté en sa Loge, mais qu'on n'y avoit trouvé ny effets ny papiers, à la reserve d'un seul Livre de Deliberations, & une feüille volante écrite en Armenien, qu'on avoit traduite & qui ne signifioit rien.* Le sixiéme témoin parle à peu prés en mesmes termes. Et le huitiéme declare que s'estant transporté par l'ordre de ses Superieurs à la chambre de Marcara, *il n'y avoit trouvé que le Livre des Deliberations, quelques menuës especes, & quelques cuilleres & fourchettes d'argent qui appartenoient à la Compagnie.* Tous les témoins qui ont esté entendus disent la mesme chose, & il n'y en a pas eu un qui ne l'ait soûtenu au recollement & à la confrontation. Ce qui est extremement remarquable.

Il y a plus que cela, il est prouvé en l'instance que Marcara avoit diverty le Firman & ce qu'il avoit d'effets appartenans à la Compagnie, & l'on jugera facilement que s'il divertit ce qui ne luy appartenoit point, il ne manqua pas de divertir ce qui estoit à luy, & particulierement ses papiers, qui pouvoient servir à le convaincre des crimes dont il estoit accusé. Il paroist par le Journal de Martin que Marcara avoit declaré que le Firman estoit dans le tiroir de sa table, où pourtant on ne le trouva point; & le mesme Journal au 25. Septembre porte que Marcara épouvanté de la maniere dont les François se preparoient à se défendre contre les Maures qui les assiegeoient, envoya querir le Firman qu'il avoit sequestré. Voicy les termes du

Journal. *Marcara entendit aussi qu'on faisoit par tout des Meurtrieres, ce qui luy donnant à penser, il envoya prier le Gouverneur de ne se plus méler de ses affaires, & envoya querir le Firman qu'il avoit sequestré & donné en garde dans la Ville à un Armenien. Ce qu'il fit sur ce que son fils luy fut dire qu'il mouroit de Deplaisir de sa Mauvaise conduite.* Marcara avoit encore diverty d'autres choses qui appartenoient à la Compagnie, & qu'il rendit dans la suite. *Le sieur Marcara*, dit le Journal au 30. du mesme mois de Septembre, *a envoyé querir quatre Montres à boëtes d'or émaillé, qu'il avoit soustraites, appartenantes à la Compagnie; comme aussi quatre papiers ou memoires differens qu'il a remis, nonobstant qu'auparavant dans son interrogatoire, il a persisté que lesdites Montres avoient dû estre trouvées dans la Chambre, & qu'elles n'estoient pas ailleurs : jusques icy il n'a pas esté possible de luy faire rendre autre chose.*

Tous les témoins parlent à cet égard comme le Journal. Le second entendu dans l'information du 3. Juillet, dit *que Marcara avoit répondu que le Firman estoit dans le tiroir de sa table, & que neanmoins quelques jours aprés de l'ordre dudit Marcara, il fut rapporté au sieur Goujon, de la maison de quelques particuliers, où ledit Marcara l'avoit mis.* Le cinquiéme témoin ajoûte, *qu'il croit que ce fut le Neveu dudit Marcara, ou quelque autre Armenien, qui rapporta le Firman & les quatre Montres à boëtes d'or qu'il avoit soûtenu estre dans sa Chambre.* Le sixiéme tient à peu prés le mesme langage, & le huitiéme dépose, *que quelques jours aprés que Marcara eût esté arresté, il fit rapporter à la Loge des François le Firman qu'il avoit donné en garde à un Armenien.* Deltor & Codeville disent dans leurs dépositions du 25. Septembre, *que Marcara avoit envoyé une personne de ses amis prendre le Firman hors du logis, lequel il fit rendre en leur presence au sieur Goujon, qu'il avoit pareillement envoyé chercher chez ses amis quatre Montres à boëtes d'or, & quatre papiers, sçavoir la copie de son congé, collationnée par le Greffier de l'Isle Dauphine, le compte de ce qu'il avoit receu en France & Fort Dauphin, un estat de ceux qui estoient venus avec luy à la Coste de Coromandel, & le compte de ce qu'il avoit receu en partant de Surat, & lesquels papiers il avoit neanmoins soûtenus estre dans le tiroir de la table.* On ne peut pas douter aprés cela que Marcara n'eust diverty le Firman, les Montres à boëtes d'or, & les autres choses dont parlent les témoins. Et s'il avoit diverty ce qui n'estoit point à luy, qui croira qu'il eust laissé ses papiers & ses propres effets dans la Loge & à la discretion des François, qui n'eussent pas manqué de s'en saisir, pour seureté de ce qui leur estoit dû?

Il y a plus que tout cela, tel que ces valets fripons qui ont une chambre & un coffre en Ville, Marcara est convenu qu'il avoit un lieu de retraite particulier & hors le Comptoir. Dans son interrogatoire du 12. Mars article 28. & 32. quand Monsieur Turgot l'interpelle de declarer *pourquoy il n'avoit pas ses papiers dans la Loge de la Compagnie à Massulipatam, & qu'au jour de son emprisonnement, il les avoit tenus en autre lieu,* il répond, sans biaiser, qu'il est permis à un chacun d'avoir ses papiers chez soy. Marcara avoit donc un chez soy ailleurs qu'en la Loge, & l'on luy demande à quoy il luy servoit? Il mangeoit, il couchoit dans la Loge, de quel usage pouvoit estre cette retraite étrangere, sinon pour cacher des papiers & d'autres choses semblables que Marcara ne vouloit pas exposer au hazard d'estre prises par les François? Ce qui confirme cette verité, est qu'il faisoit garder cette retraite par des pions qu'il ne voulut pas congedier mesme à la priere du sieur Goujon. *Marcara*, dit le huitiéme témoin de l'information du 3. Juillet 1677. *voulut avoir un appartement particulier, où il faisoit faire garde par ses Pions, qu'il ne voulut congedier sur la priere du sieur Goujon.* Si l'on ajoûte à cela que Marcara a encore avoüé dans son interrogatoire qu'il avoit esté averty qu'on devoit l'arrester, & qu'on ne trouva ny papiers ny hardes dans la chambre qu'il avoit au Comptoir, qui ne sera pas convaincu, que tout estoit caché dans cette retraite étrangere?

Ce n'est pas tout, comment Marcara ose-t-il dire aujourd'huy qu'on luy prit ses papiers quand il fut arresté à Massulipatam, luy qui a avoüé dans l'instance qu'il en avoit de tres-importans entre les mains, & qui en a tant produit, qu'il est impossible qu'il en ait eu davantage? Quand on luy a demandé au Grand Conseil articles 122. 123. & 132. de son interrogatoire. *Pourquoy il ne revint pas si-tost qu'il fut rappellé de Massulipatam à Surat? Pourquoy il faisoit refus de rendre compte au sieur Goujon, & s'il n'est pas vray qu'il menaça les Commissaires envoyez de Surat pour informer contre luy, & qu'il tourna en derision le sieur Caron*, il a répondu *qu'il justifiera bien sa conduite, en ce qui regarde ces choses-là, tant par les lettres que ledit sieur Caron & autres luy ont écrites, que par les réponses qu'il y a faites.* Marcara a donc entre les mains non seulement les lettres qui luy furent écrites par le sieur Goujon, mais encore les réponses qu'il y fit, & dont par une précaution de Fourbe, qui craint qu'on ne luy objecte ce qu'il a écrit, il garda des copies. Si ces lettres & leurs copies sont aujourd'huy entre les mains de Marcara, elles ne furent donc pas prises quand il fut arresté, elles n'estoient donc pas dans le Comptoir de Massulipatam, où il pretend que l'on saisit ses papiers, son argent, ses hardes, & generalement tout ce qu'il avoit.

Les lettres du sieur Goujon & les copies qu'on en garda, ne sont pas les seules pieces dont Marcara se trouve saisi. Par la Requeste de la production civile qu'il fit au Grand Conseil le 9. Juin 1679. il en produisit quarante & une, dont il donna copie par un acte du mesme jour. Dans une production qu'il a faite au Conseil par une Requeste du 30. Juillet 1683. cote C & G, & dans le Libelle qu'il a répandu dans le Public & produit sous la cote H de la mesme production, il rapporte un amas prodigieux de lettres qui luy furent écrites & d'ordres, qui luy furent donnez, pendant qu'il estoit à Golconde & à la Coste de Coromandel, tant par les Conseillers établis à Surat & à Massulipatam, que par les sieurs Caron, Goujon, Roussel, de Faye, Poquot, la Tour, Duthin, Fourmentin & le Commandant Hollandois. Il a rapporté les copies des réponses qu'il fit à tant de lettres differentes, les jugemens rendus en sa faveur au Conseil de l'Isle Dauphine, & les Requestes qu'il y donna en consequence. On trouve dans sa production du 1682. cote G & H. Cinq comptes, l'un de la dépense faite à Golconde, & commencée le 12. Aoust 1669. un autre pour l'achat & pour la façon d'un pavillon, le troisiéme pour l'achat du Ris chargé sur la Couronne, & deux autres de dépense, l'un de quatre mil cent vingt-cinq roupies, & l'autre de huit cens quarante-quatre roupies, cinq pesards.

Marcara a fait davantage, il a produit les pieces qu'il avoit, & celles qu'il ne devoit point avoir, & a fourny luy-mesme la conviction d'un crime dont il fut toûjours accusé aux Indes. On void par differentes lettres, que les dépêches de la Compagnie estoient interceptées, & qu'elles se perdoient, quelque peine qu'on prist à les faire tenir seurement. *Par toutes mes precedentes*, dit le sieur Goujon dans sa lettre du 15. Aoust. *Je vous ay écrit avec retenuë, crainte que mes lettres ne fussent interceptées. Je ne vous ay pas écrit de Golconde*, dit le sieur Martin dans la sienne du 13. du mesme mois, *les termes où nous trouvâmes le sieur Marcara, pource qu'il y a eu tant d'exemples de surprise de lettres, que nous avons toûjours craint que celles que nous vous envoyerions ne fussent interceptées, celle-cy courant peut-estre le mesme risque: mais comme il est important que vous sçachiez la verité, il vaut autant hazarder à present que plus tard.* Thibaudeau cinquiéme témoin de l'information faite au Grand Conseil le 3. Juillet 1677. explique fort au long dans sa déposition, dont il seroit ennuyeux de rapporter les termes, les artifices criminels dont Marcara se servoit à intercepter les lettres, & ce témoin asseure qu'il en a vû d'interceptées entre les mains de Marcara. Toutes ces lettres interceptées sont aujourd'huy produites par Marcara. Le vol d'une lettre est un crime sujet à une peine afflictive; & il y a des Arrests qui ont flétry & envoyé aux Galeres des Commis des Postes pour avoir ouvert & retenu des paquets; cependant le Grand Conseil n'a pas eu plus de severité à cet égard, qu'il n'en a eu pour le reste.

On voit par tout cela, que quand il s'agit de plaider contre la Compagnie des Indes & de la persecuter, on n'a point enlevé à Massulipatam les papiers & les titres de Marcara, & qu'il en produit une quantité prodigieuse: mais lors que pour s'exempter de payer ce qu'il doit, il se plaint qu'il y a des obmissions dans un compte, & qu'on veut l'obliger à declarer ces obmissions, alors ses papiers luy ont esté pris, & il est dans l'impossibilité de declarer les obmissions du compte. Mais qui croira qu'on luy ait pris des papiers; car enfin, par quelle fatalité seroit-il arrivé que Marcara eust caché & mis à l'écart ceux qu'il produit aujourd'huy & qui luy sont inutiles, & qu'il en eust laissé dans la Loge à la discretion des François, d'importans, & qui servoient à prouver les obmissions de son compte?

Aussi Marcara se plaint en general qu'on luy a pris des papiers sans oser entrer dans aucun détail, il ne circonstancie sa plainte, ny du temps, ny du lieu, ny de la qualité des papiers, comme s'il estoit possible qu'on luy en eust pris, & qu'il eust oublié quels ils estoient, & comment & par qui ils furent pris. On voit mesme par ce qu'il a produit, que de peur de donner quelque lumiere qui luy nuisit, il a pris un soin extreme de cacher son commerce, ses negociations à Golconde, & tout ce qu'il a fait aux Indes pour la Compagnie; jusques-là que dans les interrogatoires qu'il a subi devant

devant Monsieur Turgot & au Grand Conseil, il a soûtenu *qu'il n'avoit fait ny Livres ny Iournaux concernant son commerce*, adjoûtant *que c'estoit assez d'avoir recours aux Livres des Sieurs de la Tour & Deltor Teneurs de Livres*, comme s'il estoit possible qu'il eust manié prés de cent mil écus en deux ans, & qu'il n'eust pas fait de Journal.

Tout ce qu'on a dit justifie qu'on n'a point enlevé de papiers à Marcara, & que la plainte qu'il en fait est une imposture artificieuse, dont il se sert pour s'exempter de declarer les pretenduës obmissions du compte du 22. Septembre. Cette imposture est d'autant plus visible, que Marcara n'a point besoin de papiers pour declarer ces obmissions, parce que toute la dépense du compte est de telle nature, qu'il est impossible qu'il y ait eu rien d'obmis, & que quand il y auroit esté obmis quelque chose, tous les papiers qu'on rapporteroit ne pourroient pas en établir la preuve.

La dépense du compte du 22. Septembre est de quatre sortes, de celle qui fut faite à la Cour de Golconde pour obtenir le Firman; de l'argent qui fut donné aux Marchands de la Compagnie pour aller negocier pour elle; d'une dépense particuliere faite par des Commis qui travailloient sous Marcara, & enfin du payement des gages & des appointemens deûs à des Commis, à des Pions, & à d'autres Serviteurs de la Compagnie. Tout le reste n'est presque rien.

Marcara a employé des sommes si excessives, pour les presens qu'il pretend qu'il fit au Roy & à la Cour de Golconde, qu'on l'a toûjours soupçonné de n'avoir pas fait toute cette dépense à beaucoup prés; ce seroit donc une éfronterie signalée de penser aujourd'huy à l'augmenter : & d'ailleurs s'il ose le faire on le convaincra de mensonge & d'imposture, & par titres & par témoins. Il est donc certain à cét égard que Marcara ne peut pas dire qu'il ait besoin de papiers.

Il faut en dire autant de l'argent donné aux Marchands. Marcara ne dira pas qu'il en fut plus donné qu'il n'en a employé dans son compte, & s'il le disoit, on le convaincroit encore aisément d'imposture. Les papiers par consequent sont encore inutiles pour cét article, & quelques papiers que Marcara rapportât, ils ne prevaudroient jamais aux Deliberations, ny aux Livres de la Compagnie.

Pour ce qui est de la dépense faite par les Commis, elle est contenuë en vingt-cinq comptes particuliers employez dans le compte general. Comme Marcara n'a pas fait cette dépense, il ne peut aujourd'huy y rien adjoûter, & il faut qu'il s'en tienne à ce que les Commis qui l'ont faite en ont dit dans leurs comptes particuliers, que l'on rapporte. Les papiers icy sont donc encore inutiles.

Enfin l'on ne peut rien adjoûter aux payemens faits aux Serviteurs de la Compagnie; car il paroist par les Livres de la Compagnie sur quel pied ils estoient engagez, & l'on sçait en mesme temps combien de temps Marcara a esté en place, & en droit de les payer. Tous les papiers du monde ne donneroient pas d'atteinte à cela.

Il y a plus, de quelque nature que soit la dépense que Marcara a faite, mesme celle qu'il a faite luy-mesme & manuellement est employée sur les Livres de la Compagnie, & par consequent s'il avoit esté de bonne foy, & qu'il eust eu veritablement des obmissions à proposer, il se fust servy de ces Livres qu'on a offert cent fois de luy communiquer. Marcara répond à cela que les Directeurs sont des faussaires, & que leurs Livres sont faux; mais une injure ne suffit pas, pour aneantir des titres authentiques, qui doivent estre crûs en Justice, & servir de decision sur les pretentions qu'on a contre la Compagnie; il faut passer à l'inscription en faux, & tandis qu'on ne se servira pas de ce moyen de droit, les Livres seront crûs, & malgré toutes les injures de Marcara, il faudra s'en tenir à ce qu'ils disent. C'est ce qui est porté en termes formels par la Declaration du mois d'Aoust 1664. article 21. *Les Directeurs des Chambres generale & particuliere feront écrire sur leurs Livres tous les gages & salaires qu'ils donneront à leurs Officiers, Serviteurs, Commis, Ouvriers, Soldats, & autres, lesquels Livres seront crûs en Justice, & serviront de decision sur les demandes ou pretentions, que l'on pourroit avoir contre ladite Compagnie.* Il est donc des Livres de la Compagnie comme de tous les Actes Judiciaires qui font foy en Justice, & qui servent à la decision des procés, jusques à ce qu'ils ayent esté attaquez par l'inscription en faux; & ainsi, quand on se contentera de dire que ces Livres sont faux, ils n'en seront ny moins crûs, ny par consequent moins propres à verifier les pretenduës obmissions de Marcara. Il seroit mesme d'une pernicieuse consequence pour la Compagnie, qu'on n'adjoûtast point de foy à ses Livres, & en quel estat seroit-elle reduite, si pour tant de repartitions qu'elle est obligée de faire, & pour tant de comptes qu'elle rend tous les jours aux Interessez, les Livres qui servent de fondement à ces repartitions & à ces comptes, n'estoient point crûs?

Quatriéme demande de la Compagnie de cinq mil quarante livres, pour neuf cens pagodes d'or payées en l'acquit de Marcara.

MArcara, comme on l'a déja remarqué, avoit emprunté d'un Armenien appellé Marsadaly mille pagodes, & ne luy en avoit rendu que cent en porcelaines. Le Roy envoya au Gouverneur de Massulipatam un ordre exprés de retirer Marcara des mains des François, ou de les contraindre à payer les neuf cens pagodes qui restoient deuës à Marsadaly. Le Gouverneur sçachant que Marcara n'estoit plus dans la Loge, & qu'il avoit esté embarqué, menaça d'assieger la Loge avec six cens hommes, & mit garnison dans la doüane, de peur qu'on n'enlevât les marchandises destinées pour la Cargaison de la Couronne qui estoit à la rade. Il fallut donc pour avoir ces marchandises appaiser le Gouverneur, & aprés une negociation qui dura long-temps, tout ce qu'on pût en obtenir, ce fut que le Baignan de la Compagnie, feroit un billet des neuf cens pagodes, payable dans quatre mois. Ce billet fut fait en consequence de deux Deliberations, & dans la suite la Compagnie l'a acquitté.

On soûtient que Marcara ne peut pas se dispenser de rendre aujourd'huy ces neuf cens pagodes qui montent à cinq mil quarante livres de la monnoye de France. Le Journal de Martin, dont il se sert en tant d'occasions, justifie qu'il les devoit, & que le Baignan en fit son billet, & les livres de la Compagnie prouvent qu'il fut acquitté à son terme. *Dans ces entrefaites,* ce sont les termes du Journal, *il estoit survenu un marchand nommé Marsadaly, qui avoit demandé au Roy justice, pour empescher que nous ne fissions embarquer Marcara, à qui il avoit presté mille pagodes, & ne luy en avoit encore payé que cent en porcelaines qu'il luy avoit envoyées; surquoy sa Majesté avoit envoyé ordre à Mamoudbeck de faire passer ladite somme à la Compagnie, ou de s'opposer à l'embarquement de Marcara,* & ensuite, *sur les quatre heures du soir le Serlammet, le Chabander & le Casy sont venus pour traitter avec moy, & s'entremettre de nos differens avec Madmoudbeck........ Nous leur dismes, l'offre que nous avions faite au Gouverneur, que dans quatre mois il devoit venir de nos gens à Golconde, qui devoient negotier avec le Roy pour de certaines affaires, & que par le mesme moyen on parleroit des neuf cent pagodes, & qu'en cas que le Roy nous obligeât de les payer nous le ferions, & que je luy en avois offert mon billet, moyennant que nous eussions la liberté d'embarquer nos marchandises. Ils trouverent cette proposition raisonnable, & dirent qu'ils la feroient valoir à Madmoudbeck. Ensuite ils nous parlerent de l'emprisonnement de Marcara, & nous dirent que si nous leur donnions, ils ne nous inquieteroient pas pour cette somme.* Un peu aprés, *j'envoyay porter au Serlammet le formulaire du billet que je devois donner pour neuf cent pagodes, à quoy ils trouverent des difficultez, & remirent à parler à Madmoudbeck...... sur les deux heures aprés midy le Serlammet, le Chabander, le Casy, & un homme de Necnomcam qui estoit venu voir Monsieur Goujon, le lendemain de l'Arrest de Marcara, & un Officier du Roy envoyé de Golconda à Madmoudbeck pour les affaires du Roy, lequel estoit porteur du Firman, pour nous faire payer les neuf cent pagodes, il nous dit de ne point laisser embarquer Marcara que nous ne payassions cette somme, & sur la réponse que je fis de demander du temps, il nous dit qu'il n'en pouvoit donner, & que si nous ne satisfaisions au Firman, il feroit venir cinq ou six cens hommes nous attaquer dans nostre maison, & que quand il y en auroit la moitié de tué, il ne s'en soucieroit pas, moyennant qu'ils executassent les ordres du Roy.......... Il nous proposa ensuite d'aller dans trois jours à Golconda avec luy pour negotier cette affaire auprés du Roy. Nous luy dîmes que nous demandions le temps de quatre mois, ce qu'il nous refusa; ensuite de déposer la somme entre les mains du Serlammet & du Chabander, ce que je ne refusay, disant que nous estions solvables pour la garder. Il nous dit ensuite de la remettre entre les mains des Anglois, ce que nous rejetâmes bien loin. Enfin aprés diverses contestations & menaces qu'il nous fit, disant qu'il alloit de l'honneur du Roy d'executer le Firman, en payant la somme, ou leur livrer Marcara.......... Enfin, voyant qu'il ne pouvoit tirer aucune chose de nous, il nous proposa la personne de Roubgy nostre Bagnan pour en répondre.*

Par deux Deliberations du 15. & du 17. Octobre qui sont à la fin du Journal de Martin, & dont il seroit ennuyeux de rapporter les termes; il paroist que quoy que les Officiers de la Compagnie pussent faire pour avoir la liberté d'embarquer leurs marchandises, ils ne trouverent point d'autre expedient que d'obliger leur Baignan à faire son billet des neuf cent pagodes. Le Baignan fit donc son billet, & l'on justifie par deux Extraits des livres de la Compagnie qui sont produits en l'instance, qu'il fut acquitté à son écheance.

Marcara convient, & que les marchandises de la Compagnie furent arrestées dans la Doüane faute de payement des neuf cent pagodes, & que pour avoir la liberté de les faire charger sur la Couronne, le Baignan fit son billet qui fut acquitté par la Compagnie ; mais il soûtient qu'il ne devoit point les neuf cent pagodes, & que l'on ne rapporte aucune promesse, ny aucun billet qu'il eût fait à Marsadaly. On n'attendoit pas sans doute une autre réponse de la bonne foy, & de la sincerité ordinaire de Marcara.

Il est vray que l'on ne rapporte point de promesse ny de billet fait à Marsadaly par Marcara ; mais on sçait que tous ceux qui prestent, & aux Indes particulierement, ne prennent pas toûjours des billets ; d'ailleurs quand il seroit vray que Marcara eût fait un billet à Marsadaly, on presumera facilement que Madmoudbeck & les autres qui avoient les armes à la main, & qui avoient pris le party de Marcara, jusqu'à assieger pour luy la Loge de la Compagnie, n'eussent pas rendu aux François un billet, dont ils se fussent servis contre Marcara ; & les François qui estoient les plus foibles, & à qui il importoit de retirer au plûtost les marchandises destinées pour la Cargaison, d'un vaisseau que la saison pressoit de mettre à la voile, ne furent pas en estat de se faire rendre ce billet. Il ne faut donc pas que la violence qui fut faite aux François, la necessité où ils furent reduits d'accepter toutes les conditions qu'on leur imposa, & l'impossibilité où ils se trouverent de se faire rendre le billet, quand il y en eut un, servent aujourd'huy à Marcara de pretexte à dire qu'il ne devoit point les neuf cent pagodes.

C'est mesme une verité qu'il a reconnuë dans l'interrogatoire qu'il a subi au Grand Conseil, aux articles 157. & les suivans. Il avoit insinué par ses réponses, que quand il eût dû les neuf cent pagodes, les ayant empruntées pour la Compagnie, & pendant qu'il estoit à son service, c'eust esté à elle à les rendre. Et sur cela on luy remontra *qu'il ne reconnoissoit pas la verité, aprés que luy répondant, n'avoit pas mesme osé employer lesdites neuf cens pagodes dans son compte, comme ayant fait cét emprunt pour la Compagnie.* Voicy quelle est la réponse de Marcara. *A dit qu'il n'avoit pas employé dans son compte ce qu'il devoit, puisqu'on pretend qu'il estoit redevable de quatre mil cinq cens vingt-deux livres.* La raison que rend Marcara dans cette réponse, de ce qu'il n'a pas employé dans son compte les neuf cent pagodes, c'est qu'il n'y a pas employé ce qu'il devoit ; & par consequent Marcara reconnoist qu'il devoit les neuf cent pagodes, puisque s'il ne les a point employées dans son compte, c'est parce qu'il n'y a point employé ce qu'il devoit, & que s'il y eût employé ce qu'il devoit, il les y eût employez. Voila sans doute le sens le plus naturel que l'on peut donner à la réponse de Marcara ; cependant il tâche de luy en donner un autre, & il soûtient que quand il dit, qu'il n'a

pas

pas employé dans ſon compte ce qu'il devoit, il n'a pas reconnu par là qu'il devoit les neuf cens pagodes, mais ſeulement qu'il n'avoit pas employé dans ſon compte ce qu'il devoit y employer. Cette explication forcée de la réponſe de Marcara, ne le tire pas d'embarras; car s'il n'a pas employé dans ſon compte les neuf cens pagodes, parce qu'il n'y a pas employé ce qu'il devoit y employer : il avoüe par là que s'il euſt employé dans ſon compte ce qu'il devoit y employer, il y eût employé les neuf cent pagodes, & par conſequent il faut que les neuf cens pagodes fuſſent deuës à Marſadaly, puiſque ſi elles ne luy euſſent pas eſté deuës, quand Marcara eut employé dans ſon compte tout ce qu'il devoit y employer, il n'euſt eu ny raiſon ny pretexte de les y employer.

Si l'on ajoûte la réponſe de Marcara aux deux deliberations du 15. & du 17. Octobre, à ce que dit le Journal de Martin des neuf cens pagodes, à ce qu'en dépoſent les témoins entendus dans les informations, & à ce qui eſt porté par les Livres de la Compagnie, on ne trouvera que trop de preuves que ces neuf cens pagodes eſtoient dûës à Marſadely, & Marcara par conſequent ne peut s'empêcher d'eſtre condamné à les reſtituer à la Compagnie qui les a payées en ſon acquit. On doit meſme conſiderer qu'à tant de preuves qu'on rapporte, Marcara n'oppoſe qu'une ſimple dénegation, qui n'eſt accompagnée d'aucune circonſtance qui la fortifie, & de quel poids peut eſtre la dénegation d'un homme qu'une condamnation à huit années de Galere a marqué d'une note ineffaçable, dans qui l'on ne voit qu'impoſtures & que menſonges, & qui né dans la miſere, & le fils d'un miſerable Couratier, dit effrontement qu'il eſt Gentilhomme & d'une Maiſon alliée du ſang Royal d'Armenie? Eſt-il au monde une verité que des preuves les plus certaines & les mieux établies mettent à couvert d'une dénegation de Marcara?

Cinquiéme & derniere demande de la Compagnie des Indes, de la ſomme de trois mil livres.

MArcara par un Arreſt du Conſeil du   Mars 1687. s'eſt fait adjuger trois mil livres de proviſion qu'il a touchées; & comme la Compagnie ne luy doit rien, & que c'eſt luy au contraire qui doit à la Compagnie, il ne faut pas douter qu'il ne ſoit condamné à reſtituer cette ſomme.

Voila à quoy ſe reduit un different, qui a fatigué ſi long-temps l'Ancienne Compagnie des Indes, & qui fatigue encore aujourd'huy la Nouvelle, quoy qu'elle ait l'honneur d'eſtre ſous la protection particuliere du Roy. L'on prend toute la France à témoin, ſi parmy tout cela, il y a le moindre pretexte à tant d'injures atroces, dont Marcara a noirci les Directeurs, & à cette extravagante pretention de cent mil écus qu'il publie qu'on luy retient injuſtement. Il y a meſme une infinité de choſes rapportées dans les informations, que la crainte d'ennuyer par une trop longue lecture, a obligé de paſſer ſous ſilence. On n'a point dit, par exemple, que quelques témoins dépoſent, que Marcara avoit eſté valet d'un Marchand Perſan, qui l'envoya avec neuf mil roupies negocier dans le Mogol, & que ce Persan estant mort, Marcara emporta en Europe les neuf mil roupies, ou les marchandises qu'il en avoit achetées, sans avoir voulu en faire raison aux heritiers du Marchand, & que cela est un bruit tout commun aux Indes. On n'a point dit, que d'autres témoins asseurent que l'on tenoit pour certain à Massulipatam, que Marcara avoit fait un traité avec Madmoudbeck, & les principaux des Maures pour en estre secouru, & tiré des mains des François au cas qu'il fût arresté, & qu'il avoit payé d'avance une partie de la convention. On n'a point parlé de tant de fourberies qu'il fit aux François, qu'il joüa avec des parentages & des alliances imaginaires. On n'a rien dit des reproches que les Indiens faisoient publiquement aux Officiers de la Compagnie de se servir d'un homme tel que Marcara. On n'a rien dit enfin de ces dépenses effroyables que Marcara fit aux Indes, & que la Compagnie a supportées. Marcara par une vanité ridicule, affectant de paroistre en grand Seigneur dans les lieux où l'on l'avoit vû autrefois dans la servitude & dans la misere, marchoit avec un équipage & une suite de Roy. On ne peut se dispenser de rapporter ce que dit à cet égard le huitiéme témoin de l'information du 3 Juillet 1677. Il dépose *que Marcara vint au devant d'eux*, ils estoient plusieurs, *à deux lieuës de Golconde accompagné de plusieurs Pions, avec deux chevaux de main, deux Pavillons, deux Timbales, deux Fiffres, deux Trompettes, deux Cors & trois Hautbois, un Parasol de velours rouge, garny d'argent, revenant à quatre cens roupies ou environ, un Gardemanger garny d'argent, un Chassemouche de mesme, deux Crachoirs d'argent, une Boëte à Betel d'argent, & autres ustensiles portées par differentes Personnes à pied, le tout sur le compte de la Compagnie.*

Tout cela & mille autres choses pareilles, n'ont point esté rapportées; mais ce qu'on a dit, suffit à détruire cette prévention artificieuse, à laquelle ceux qui ne connoissent pas Marcara, ont eu la foiblesse de se laisser emporter. On sçait par une fâcheuse experience, que les Orientaux sont naturellement fourbes & sans foy; cependant on n'en a point vû qui ayent porté le mensonge & l'imposture aussi loin que Marcara, & jusqu'à luy, il n'y en a point eu qui ayent osé se dire d'une Maison alliée du sang Royal d'Armenie. La consideration que l'on a par toute la terre pour une Maison Royale, & pour tout ce qui luy est allié, n'a pas peu contribué à fortifier le party de Marcara: mais quand on aura lû l'acte légalisé par l'Ambassadeur de France à Hispahan, on regardera ce pretendu Allié du sang Royal d'Armenie, comme on regarde les faux monnoyeurs qui contrefont l'image du Prince sur le cuivre & sur le plomb; & l'on se souviendra, sans doute, qu'il n'est pas moins honteux d'estre la duppe des Etrangers fourbes & imposteurs, qu'il y a de gloire à les proteger, quand ils sont innocens & dans l'oppression.

Monsieur QUENTIN DE RICHEBOURG, *Rapporteur.*

Me MONICAUT, Adv.

Acte qui justifie la Naissance de Marcara.

MESSIEURS,

Vostre tres-humble serviteur François de Lestoille, habitué en Hispahan au service du Roy de Perse, en l'absence de mes deux freres les Sieurs Loüis & Jacob de Lestoille, qui aux Indes sont au service de vostre Illustre Compagnie Orientale, je me suis trouvé obligé de faire pour son service, ce qu'eux n'auroient pas manqué de faire avec toutes les diligences possibles, si en ce temps icy ils se fussent trouvez presens en Hispahan, auquel temps le sieur Michel fils de Martirous Marcara Armenien, jadis Marchand de la Compagnie, s'est rendu de Paris en Perse en moins de quatre mois, pour tirer des Armeniens de sa nation de Julfa, des attestations authentiques de la grandeur de sa maison, parens, richesse, & pour faire paroistre à nos Cours Souveraines, que si luy, & ses freres se trouvent pour le present puissans aux Indes, en argent & negoce, cela procede de leurs patrimoines, & non pas de quelque capital provenu d'ailleurs, comme l'on pourroit les accuser. Celle-cy faite en presence de tous les soussignez, tant Reguliers que Seculiers, de long-temps residens en Hispahan, avec entiere connoissance de l'estat passé & present des Armeniens, tâchera de donner à vous autres Messieurs une sincere idée de l'estat passé & present dudit Martirous Marcara. Le pere de Martirous avoit nom Della Marcara, en nostre Langue, Marcara le Couratier, né de pauvres parens de tres-petite maison, il gagnoit sa vie assez maigrement, s'entremettant à des petits marchez de Vendeurs & Acheteurs, pour ce sujet l'on appelle telles sortes de pauvres gens Couratiers, ou Coureurs çà & là, pour donner & prendre avis des Marchandises à vendre & à acheter. Ce susdit Marcara eut trois enfans, l'aisné appellé Martirous, qui est celuy, qui dans la Compagnie Orientale de France n'a fait que trop de bruit, le second s'appelloit Oüanes, & le troisiéme Youssof. Ce susdit Martirous aprés avoir traisné sa vie quelque temps en cét exercice & métier de son pere, de là il trouva un Armenien appellé Auediqderay, qui luy donna trois cens tomans de capital, & l'envoya negocier en qualité de son Commis. Comme c'est l'ordinaire $\frac{2}{3}$ du profit pour le Maistre, & $\frac{1}{3}$ pour le Commis. Ce Martirous fit du commencement assez bien valoir le talent, &, dit-on, qu'il poussa en quelques années son capital de trois cens tomans jusques à mil deux cens tomans, desquels au Guilan vers la Mer Kaspie acheta des soyes, les porta en Semyrne de vente en marché faux, il perdit tout ce bien, & devint en blanc, en quel estat il se donna à Paris aux Messieurs les Directeurs generaux de la Compagnie pour Marchand d'icelle, qui croyoit peut-estre à son dire, avoir trouvé l'entrée des Cours d'Asie par son moyen, sans lequel ils le jugeoient tres-difficile. Pour ses deux autres freres, ils furent aussi montez par quelque capital de pareilles Commissions, & pour le present l'on les tient dans l'Inde les tous puissans ; faisant negoce de huit à dix mil tomans. L'un de leurs Maistres que nous avons sceu estre du païs de Kaquih, & s'appelle Sarou-Kan, leur ayant fait parler aux Indes de venir à compte, iceux de bonne foy répondirent avoir quelque demie souvenance, d'avoir entre leurs mains quelque peu de chose appartenant à ce Sarou-Kan. Pour retourner au sujet de celle-cy, le sieur Martirous surnommé Marcara, du nom de son pere en la Compagnie de l'Inde, eut le démelé avec Monsieur Rambot, lequel y a succombé. Pour Martirous mis au Comptoir François de Massulipatam, fut enfin éclairé par les autres Commis François, & accusé de dissiper les deniers de la Compagnie, iceluy cité de rendre les comptes se jetta à la protection des Mahometans qui ne la refusent point au plus offrant, & vous autres Messieurs avez sceu les meurtres de part & d'autre, pour avoir ce Martirous & le remettre en la puissance de la Compagnie, qui en seure garde luy fit passer le Cap de Bonne-Esperance, & seroit en vain à nous autres qui n'en sçavons que par rapport d'autruy, vous reïterer ce narré, que ceux qui ont esté à ces coups au peril de leur vie, vous auront pû & dû déduire, & de bouche, & de plume ; il ne nous touche non plus de scrutiner si le capital de Compagnie Françoise seroit aller grossir celuy de ses freres : que ceux qui sont sur les lieux en jugent ; il nous touche de tester à vous autres Messieurs ce qui nous est palpable & sensible, que la maison de Marcara Martirous & Michel est bastie de traveaux tres-bas, pour d'autres de cette mesme tige, que pour le bonheur de la fortune negociante pourroit s'estre élevé avec le temps plus haut ; cela ne releve point ceux-cy precedens rempans par terre. Comme en ces temps icy nous avons Monseigneur l'Illustrissime & Reverendissime Evesque de Cesaropolis Ambassadeur en cette Cour du Tres-haut, Tres-puissant, & Tres-invincible nostre grand Monarque, les tous soussignez, se sont donné l'honneur de luy aller rendre leurs devoirs le troisiéme Septembre, pour le sujet que l'on a traité tres-au long en sa presence, afin que sa Grandeur jugeast des rapports d'un chacun, & voulût prendre la peine d'en donner un mot de confirmation à vous Messieurs les Directeurs generaux, ausquels je demeure pour jamais,

D'Hispahan capitale de la Perse, le 15. Septembre 1682.

MESSIEURS,

Vostre tres-humble serviteur FRANÇOIS DE LESTOILLE.

Fr. Athanase de Sainte Therese, Superieur des RR. PP. Carmes Deschaux, Missionnaires en Perse, de residence depuis vingt-neuf ans.

Fr. Raphaël du Mans, Superieur des RR. PP. Capucins, Missionnaires en Hispahan, de residence depuis trente-six ans.

J. Baptiste la Maze, Superieur de la residence de la Compagnie de Jesus à Julfa.

Moy Philippes Varin, natif de Lyon, depuis vingt-un an au service du Roy de Perse en qualité d'Horlogeur, atteste tout ce que dessus, en foy dequoy j'ay signé. Signé PHILIPPES VARIN.

Moy Jean-Jacques Sainct, natif de S. Lo en Normandie, depuis dix-neuf ans au service du Roy de Perse en qualité d'Orfévre, atteste tout ce que dessus, en foy dequoy j'ay signé la presente. Signé J. J. SAINCT.

Moy Antoine Jourde, natif de Castres en Languedoc, depuis dix années au service du Roy de Perse en qualité d'Orfévre, atteste tout ce que dessus, en foy dequoy ay signé la presente. Signé ANTHOINE JOURDE.

Moy Vincent Desinod Maistre Horlogeur à Lyon & Lyonnois, à present Horlogeur du Roy de Perse,
P. GRANGIER,
Horlogeur du Roy de Perse.

Moy David Sahid, natif d'Hispahan capitale de Perse, & Interprete de l'Illustre Compagnie d'Hollande, je certifie le present écrit estre veritable. Signé DAVID SAHID.

Moy Helie Grangier François de nation & Orfévre du Roy de Perse, témoin de ce que dessus.

MATHIEU FABRON.

FRANÇOIS par la Grace de Dieu & du Saint Siege Evesque de Cesarople, Vicaire Apostolique de Babylone & de Perse : Les signez cy-derriere, Superieurs de divers Ordres Religieux établis en cette ville d'Hispahan pour la Mission, & les autres François Officiers & Ouvriers du Roy de Perse, compris le sieur Mathieu Fabron Marchand de la ville de Marseille, & le sieur David Sahid Chrestien Catholique, natif de cette mesme ville d'Hispahan, Interprete de la Compagnie d'Hollande, à la requisition du sieur François de Lestoille qui est au service du Roy, se seroient presentez pardevant Nous au sujet de la declaration cy-derriere en forme de lettre, nous disant & declarant qu'ils estoient prest à signer ladite declaration comme veritable & sincere, n'estant pour lors qu'en minute, ensuite dequoy ayant esté mise au net, les susdits auroient tous signé, quelques-uns en nostre presence, d'autres chez eux qui nous ont depuis affirmé que c'estoit leur signature, & les autres n'ayant pû venir une seconde fois, nous ont fait asśurer par des gens d'honneur & dignes de foy, qu'ils avoient signé de leur propre main, dont nous ne pouvons douter, puisque leur signature Nous est déja bien connuë, en foy dequoy nous avons signé de nostre propre main, fait apposer nostre Sceau Episcopal & contre-signer par nostre Secretaire. FAIT à Hispahan dans le Palais que le Roy nous a donné pour y faire nostre residence, le quatorziéme Septembre mil six cens quatre-vingt-deux.

FRANÇOIS Evesque de Cesarople, Vicaire Apostolique de Babylone & de Perse.

Par mondit Seigneur
DE LA GROYS Secretaire.

www.ingramcontent.com/pod-product-compliance
Ingram Content Group UK Ltd.
Pitfield, Milton Keynes, MK11 3LW, UK
UKHW021145220726
13924UKWH00003B/1026